팬데믹이 인류가 공유하는
기억 속으로 하루 빨리
사라지기를 바라며,
박상현

"너는 도대체 언제 책을 쓸 거니"라는 말을

20년 넘게 하셨던 부모님께 :^)

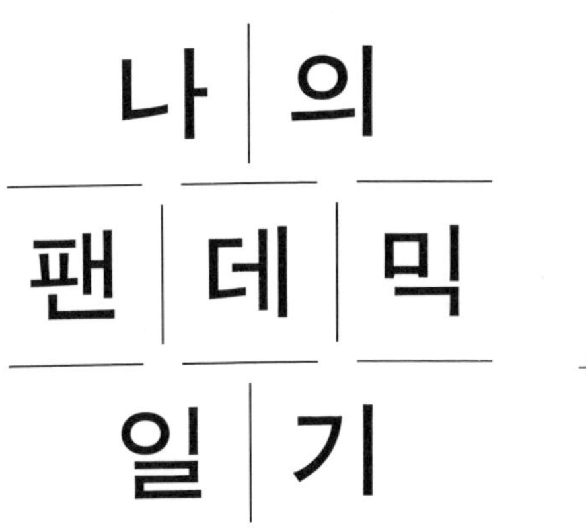

# 나의 팬데믹 일기

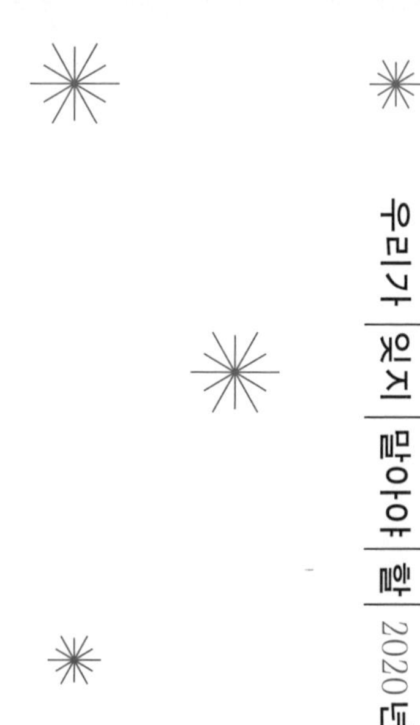

우리가 잊지 말아야 할 2020년의 기록

박상현 지음

남해의봄날

## 일러두기

이 책은 2020년 한 해 동안의 기록을 엮은 것이다.
단, 일기 아래 덧붙인 글은 2021년 현재 시점에서 지난 해를 돌아보며 추가한 것이고 칼럼 또한 2021년 봄부터 여름까지 쓴 글이다.

"10년(decade)이 바뀔 때는 항상 요란했던 것 같은데, 2020년대는 이상하게 조용히 다가오는 것 같다. 이렇게 느끼는 게 나만은 아닌 듯."
2019년 말, 페이스북에 이런 포스팅을 했다. 사람이 이렇게 한 치 앞을 모른다.
2020년은 온 인류가 진저리가 날 만큼 또렷이 기억할 만한 해였지만, 2019년 말에는 아무도 짐작하지 못했다. 폭풍 전야가 실제로 고요한지는 모르겠지만, 적어도 2020년 전야는 고요했다.

줄곧 미국에서 생활하던 나는 2014년 이후 한국에 오래 머무르면서 1년에 두 번 미국 집으로 돌아와 한 달 남짓한 시간을 가족과 보내고 한국으로 귀국하는 생활을 해 왔다. 그러다가 태평양의 어느 쪽으로 날아가는 것이 '귀국'이고 '출국'인지 헷갈릴 무렵, 한국 생활을 정리하고 다시 미국으로 왔다. 아내가 직장(대학교)을 다른 주로 옮기게 되었는데, 고등학생인 아이들은 전학을 하면 많은 것이 헝클어지기 때문에 결국 두 집 살림을 하기로 한 것이다. 평일에는 내가 아이들과 함께 있고, 아내는 세 시간 정도 떨어진 다른 주에 있는 대학교에서 일하고 주말에만 집이 있는 뉴저지주로 오는 주말부부가 됐다(그래도 이전 5년 동안 해 오던 연말부부에 비하면 승격한 셈이었다). 그 생활을 2년 정도 할 예정이었다.
하지만 2020년이 되자 모든 것이 바뀌었다. 아내의 일이 전부 화상통화로 전환되면서, 굳이 다른 주에 있을 이유가 없어 네 식구는 다시 한집에서 살게 되었다. 팬데믹으로 많은 사람이 일자리를 잃고, 또 많은 사람이 코로나 바이러스로 세상을 떠났지만 감사하게도 우리 식구에게는 정말 오랜만에 한집에서 모여 살 기회가 생긴 것이다. 얼떨결에 찾아 온 행복이었다. 밖에 나갈 때는 마스크를 써야 하고 아이들은 친구를 만나지 못해 힘들어했지만 우리는 함께 산책을 하면서 뜻밖의 행운에 감사했다.

하지만 세상은, 특히 미국 사회는 그다지 운이 좋지 않았다. 2020년은 트럼프 임기 4년의 마지막 해였고, 선거운동으로 분위기가 달아오르면서 미국은 사회 분열의 끝을 보여 주는 듯했다. 마틴 루터 킹 목사와 로버트 케네디가 정확히 두 달 간격으로 암살당한 1968년 이후 미국 사회가 이토록 분열되고 혼란스러운 적이 없다는 말이 과언이 아니었다. 선거를 앞두고 이런 상황은 예고된 것이었지만, 거기에 팬데믹이 더해지고, 트럼프 행정부가 방역에 크게 실패하면서 미국은 세계의 리더가 아닌 웃음거리, 골칫덩어리로 변하고 있었다.
문제는 정치만이 아니었다. 유례없는 팬데믹과 록다운 속에서도 인종, 여성, 기후위기, 과학기술의 발달 등 크고 중요한 어젠다가 쉴 새 없이 전면에 등장했다. 매일 '오늘은 무슨 일이 터졌을까' 하는 걱정에 뉴스를 보기 힘들었지만, 바로 그런 걱정 때문에 안 볼 수도 없었다. 사람들은 뉴스 피로 현상을 호소했지만, 언론사들은 최고의 매출 기록을 세웠다.

지난 몇 년 동안에도 그랬지만, 팬데믹 기간 내내 페이스북은 내 일기장이 되었다. 생각이 많을 때는 글로 써야 정리가 되고, 그렇게 정리를 해야 생각에서 벗어날 수 있는 성격 덕분에 세상이 시끄럽고 복잡할수록 더 많은 글을 쓸 수밖에 없었다. 이제 세상을 어느 정도 이해할 만한 나이가 되었다고 내

심 만족하던 차에, 세상은 다시 한 치 앞도 알 수 없는 짙은 안개 속으로 들어간 것 같았다. 그러는 동안 영원히 어릴 것 같던 아이들은 10대를 벗어날 준비를 하면서 오히려 부모를 이해하려고 애쓰는 성숙한 인격체로 변하고 있었다. 나는 이 사회적·개인적 변화의 순간을 기록으로 남기고 싶었다. 지금은 모든 것을 이해하기 힘들어도 훗날 내가, 혹은 다른 누군가가 읽으며 2020년의 모습을 파악하는 데 도움을 얻을 수 있다면 더 바랄 게 없다.

2021년 여름
로드아일랜드에서

# 1월 ✳ 2월

JANUARY
FEBRUARY

## 팬데믹 전야

## 40년 후의 씁쓸함

2020 JAN 2

누군가 인터넷에 올린 전형적인 1980년대풍 인테리어 사진을 두고 '담배와 가정 폭력의 냄새가 느껴진다(It smells like cigarettes and domestic violence)'라는 댓글이 달려서 많은 사람의 공감을 받았다.
사람들은 칙칙한 색상의 카펫과 엉덩이가 푹 꺼진 소파, 나무 패널 벽에서 어린 시절 어른들이 집에서 마음껏 담배 피우고 아빠가 엄마를 때리는 장면을 떠올리는 것이다. 나는 다행히 그런 환경에서 자라지 않았지만, 당시에는 가정 폭력 얘기를 대수롭지 않게 들었다.
우리가, 혹은 아이들이 40년 후에 오늘을 돌아봤을 때 "맞아, 그땐 왜 그랬을까?"라고 씁쓸하게 회상하게 될 것들은 뭘까? 그걸 상상해 보고 찾아서 없애고 바꾸는 게 오늘을 의미 있게 사는 방법이다.

시대를 풍미했으나, 지금은 공포스러운 인테리어 취급받는 것들: 1990년대 옥색 인테리어, 2000년대 체리목 인테리어. 그렇다면 2010년대에 태어난 아이들이 성인이 되어 지금을 돌아보면서 '공포'라고 할 인테리어는 무엇일까? 광택 나는(glossy) 붙박이장, 미색으로 통일한 벽, 밝은 회색이나 브라운 계열의 벽 장식, 우물 천장과 간접 조명, 인조 나무 바닥 등이 아닐까 싶다.

## ✷ 고래 싸움에…

미국과 이란의 싸움이 정말로 대규모 전면전으로 발전할 경우, 미국이 예전처럼 우방 국가들에 참전을 요구할 가능성이 한국에서도 논의되는 모양이다. 그렇게 되지는 않(기를 바라야)겠지만, 모든 상황을 고려해야 하는 게 국가의 일이니 이에 대해 누구나 자신만의 의견을 가져야 한다고 본다.

오늘 아침에 미국 20대 사이에 일어난 논의를 읽었다. '징병제도가 부활하면 거부하는 것이 정당하냐'는 질문에 토론이 이어졌다. 징병에 거부하는 명분은 이렇다.

— 나라가 시작한 전쟁이지, 내가 시작한 전쟁이 아니다.
— 나는 전쟁에 나가 죽겠지만 무책임하게 전쟁을 시작한 늙은 정치인들은 편안하게 인생을 마칠 거다.
— 트럼프는 무책임하고 부도덕한 지도자다. 나는 도덕적으로 그의 명령을 거부할 수 있다.

맨 마지막 항목은 나치 독일의 상황을 연상시키지만, 앞의 두 가지에는 과거 봉건주의를 갓 벗어난 민족국가 시대와 달라진 가치관이 반영되어 있다. 내가 미국에서 태어난 20대라고 해도 트럼프가 순전히 자신의 기분에서(그리고 외교적 무지에서) 시작한 전쟁에 총알받이로 동원될 생각이 전혀 없을 것 같다. 그런데 그렇게 보면 앞으로 거의 모든 전쟁은 국민을 동원할 명분을 잃을 것이다. 로봇과 드론에 의존하지 않는 나라는 전쟁을 시작할 수 없을 듯하다.

문제는 한국과 같은 미국의 '우방 국가'다. 세상은 복잡하고 어쨌든 미국은 우방이다. 그런데 그런 미국에서 부도덕하고 충동적인 지도자가 (골프를 치는 도중에) 무책임하게 시작해 버린 전쟁에 우리나라 젊은이들이 목숨을 걸어야 할까? 조약은 조약이니 우리도 참전해야 한다는 의견이 많겠지만, 우리는 이란과 특별히 사이가 나쁜 것도 아니다. 오히려 이익이 되는 관계에 가깝다. 그런데 우방국이 전쟁을 하겠다고 끌려가야 할까? 게다가 이란은 사이버 전쟁 수행 능력이 세계 최고 수준이다. 우리나라에 얼마든 큰 피해를 줄 수 있다. 만에 하나 전쟁이 일어난다면, 이는 부도덕한 인종주의자 트럼프가 일으킨 무책임한 전쟁일 것이다. 전문가들은 미국의 NSC(미국 국가안보회의)가 정상적으로 작동했다면 절대로 일어날 수 없는 일이 벌어졌다고 한다. 그렇다면 컨트롤 타워가 엉망인 채 트럼프의 변덕과 정치적 이익에 따라 진행되는 전쟁일 것이다. 미국이 그런 전쟁에 참여하라고 하면 우리나라가 "미안한데, 너랑 이스라엘로도 충분할 거 같다"고 대답하고 우리의 젊은이들을 보호할 준비가 되어 있을까? 각종 불이익을 감수하더라도 참전하지 못한다고 할 자신이 있을까?

> 오바마 행정부에서 이란과 체결한 핵 협정은 트럼프가 탈퇴함으로써 깨졌다. 오바마의 외교정책을 계승하려는 바이든 정부는 (이 글을 쓰고 있는 현재) 이란과 재협상해 협정을 회복하려고 시도 중이지만, 난항을 겪고 있다. 국제 조약이라는 것이 이렇듯 깨지기는 쉬워도 다시 세우기는 어렵다.

# 딸아이의 K팝 강의

2020 JAN 10

딸아이와 차를 타고 가면서 음악을 듣는데 아이가 대뜸 "아빠, 내가 K팝 좀 틀어도 될까? 아빠의 반응이 궁금해서"라고 말했다.

내가 평소에 한국 노래를 듣지 않으니 자기가 듣는 K팝을 어떻게 생각하는지 궁금하단다. 그러자고 했더니 걸그룹 노래를 들려줬다. 어느 그룹의 무슨 곡이냐고 물었더니 블랙핑크의 '킬 디스 러브(Kill This Love)'라고 했다.

내가 K팝에 무지해도 대충 들어서 알고는 있지만 미국에 사는 동양 아이들의 취향이 궁금해 물어봤다. 그랬더니 블랙핑크는 절대적으로 여자아이들이 많이 듣는 그룹이고, 남자아이들은 그다지 좋아하는 것 같지 않단다. '귀여운 척하면서 예쁘게 노래하고 춤추는 그룹이 아니라서'라고 덧붙였다.

딸 블랙핑크의 노래는 대부분 여성 임파워먼트에 관한 거야(Most of them are about women empowerment).

나 하하, 제목을 보니 알 것 같네(I can see that from the title, Kill This Love, haha).

블랙핑크의 두 번째 노래가 나왔다. 제목이 'It's 'As If It's Your Last'라고 알려 줬는데, 내가 잘 못 알아듣고 다시 물었더니, 어설픈 한국어 실력을 동원해 "마아-지-막-처-럼?"이라고 알려 준다. 그 노래를 듣는데, 왠지 어디서 들어본 듯한, 한국에서 쉽게 접할 수 있는 전형적인 노래 같았다. 그래서 "이건 전형적인 한국 노래 같네"라고 했더니, "응, 옛날 스타일이라 그래"라는 답이 돌아왔다.

그러고 보니 왠지 2000년대 초 분위기, 1990년대 HOT 느낌도 살짝 났다. 곡의 어떤 부분 때문에 그렇게 들리냐고 물었더니 연주 뒤에 딱딱거리는 높은 타악기 소리가 계속 깔리는데, 그게 딱 소녀시대 같은 옛날 한국 노래 스타일이란다. 뭐? 소녀시대가 혜은이라도 된다는 거냐!
그렇게 신나게 수다를 떤 다음, 집으로 돌아와 다들 잘 준비를 하는 10시쯤 다시 딸아이가 서재에 와서 이런저런 얘기를 했다. 요즘 친구들 얘기로 시작했다가 다른 주에 사는 옛날 친구들 얘기, 그러다 자기가 학교를 옮길 때마다 새로운 친구를 사귀기 전까지 힘들었던 이야기를 하면서 훌쩍이다가 (밤에는 유독 감성적으로 변한다) 내 어린 시절 얘기를 묻고 자신과 비슷한 성격을 찾아 이야기하며 깔깔 웃다 보니 자정이 훌쩍 넘었다.
이젠 자라고 방으로 올려 보내는데, "한마디만 더 하자면" 하고는 자기 친구들을 보면 가족 중 말이 잘 통하고 속을 털어놓을 수 있는 사람이 할머니인 경우가 많고, 이모도 있는데 자기는 그게 아빠라서 너무 좋다고.
맞다, 자랑하려고 쓴 글이다.

# 프롬포즈



'미국은 불법이 아니면 뭐든 할 수 있는 나라'인 건 사실이고, 그런 모습을 얼마든지 볼 수 있다. 가령 대학에서 극장 의자 형태의 강의실 의자에 앉아 앞 좌석에 발을 올려놓고 교수에게 신발 바닥을 보인 채 강의를 듣는 모습은 아시아뿐 아니라 유럽 학생들에게도 적응하기 쉽지 않은 모습일 거다.
그런데 그런 모습 때문에 미국에 숨어 있는 아주 촘촘한 에티켓이나 데코룸을 놓치기 쉽다. 하지만 분명히 존재한다. 이런 것들은 문서로 정해져 있지 않지만 엄격하게 지키는 불문율로, 한국에서 명함을 한 손으로 받거나 받자마자 주머니에 넣으면 안 된다는 것과 다르지 않다. 다만, 강조하는 영역이 다르다. 자유로울 수 있는 곳과 아닌 곳이 구분된다.
그걸 잘 보여 주는 예가 고등학교의 프롬(prom)이다. 프롬은 미국 영화나 드라마를 통해 많이 알려져 있지만 아이들의 이야기를 들어 보면 생각보다 디테일이 꽤 많다. 프롬이라고 하면 대개 4학년, 즉 시니어 프롬을 가리킨다. 이건 거의 결혼식에 버금가는 중요한 행사라서 불문율도 많다. 프롬에 같이 갈 데이트 상대에게 (결혼 프러포즈와 같은 형식의) '프롬포즈(promposе)'를 하는 게 일반적이다. 장소는 거의 예외 없이 학교이고, 남자가 여자 친구 교실로 가서 수업 전이나 후에 한다. 'promposе'라는 단어를 구글에서 검색해 보면 알겠지만, 대부분 영화 〈러브 액츄얼리〉에 등장하는 장면처럼 큰 글씨가 적힌 포스터를 들고 가서 한다.
그러나 절대로 예고 없이 해서는 안 된다. 미리 가기로 약속한 후에, 언제 하겠다고 얘기하고 나타나는 거다. 그리고 (대개는 여자아이의) 친구들이 교실 안팎에서 준비하고 있다가 인스타그램에 올릴 사진이나 비디오를 찍어 준다.

물론 데이트는 같은 학년끼리만 하는 게 아니다. 따라서 4학년이 아래 학년을 프롬에 데리고 가기도 한다. 하지만 3학년 남자 친구가 4학년 여자 친구에게 프롬에 가자고 할 수는 없다. 시니어 프롬은 시니어만이 갈 자격과 초대할 자격이 있기 때문이다. 따라서 이 경우 반드시 여자가 남자에게 "프롬에 같이 가겠느냐"고 먼저 제안해야 한다. 그 후에 3학년 남자아이가 4학년 여자아이의 교실에 프롬포즈 포스터를 들고 가서 청하는 '형식'을 취한다. 미국처럼 자유분방한 나라에서 이렇게 꼼꼼한 룰이 지켜진다는 게 신기하다(물론 프롬포즈를 반드시 해야 하는 건 아니다. 아마도 그 커플에게 인스타그램이 얼마나 중요하냐에 달려 있을 거다).

더 재미있는 건 4학년 남자 친구가 어린 여자 친구를 프롬에 데리고 갈 경우다. 이 경우 프롬포즈는 남자가 하니 별문제는 없는데, 저학년 여자아이가 시니어 프롬에 갈 때 지켜야 할 룰이 있다. 바로 치마 길이다. 프롬 드레스는 대개 길이가 길지만, 그건 4학년만 입을 수 있다. 3학년 여자아이가 4학년 남자 친구와 프롬에 갈 때는 반드시 짧은, 대개는 무릎 위로 올라오는 드레스를 입어야 한다. 이를 어기면? 정말 나쁘고 매너 없는 애가 된단다. 아니, 아직 그런 예를 들어 본 적이 없을 만큼 아무도 어길 생각을 못하는 룰이다. 이 역시 자유분방해 보이는 미국의 숨은 데코룸이다. 물론 지역이나 학교마다 차이는 있을 것이다. 하지만 어디나 불문율은 엄연히 존재한다.

사실 미국에는 이처럼 문서화되지 않은 데코룸으로 돌아가는 것이 많다. 가령 대학 입시에서 우리나라의 수시와 비슷하게 일찍 지원할 수 있는 조기 결정(ED, Early Decision)이 있다. 여기에 지원해서 합격하면 법적으로 다른 학교에 갈 수 없다. 따라서 여러 곳에 지원했어도 그중 입학이 최종 결정된 학교에 ED 합격하면 같이 지원한 다른 학교에는 합격해도 갈 수 없으니 결정이 나기 전에 지원을 취소하는 게 '에티켓'이다. 다른 아이에게 기회를 주라는 의미다.

그런데 어떤 아이가 ED로 대학교에 합격하고도 다른 학교의 지원 취소를 하지 않았단다. 그리고 자기가 다른 학교에도 합격했는지 교실에서 확인하다가 그걸 옆에서 본 같은 학년 학생들의 분노를 샀고, 몇 분 만에 전교에 소문이 퍼졌고(소셜 미디어의 힘이란!), 심지어 아이가 합격한 대학에 다니던 그 학교 출신 선배들에게까지 그날로 소문이 퍼져서 매너 없는 인간 쓰레기 취급을 받았단다.

그 정도로 중요하면 왜 법으로 만들지 않았을까 싶지만, 보이지 않아도 지켜야 할 룰이 대한민국에 더 많으면 많았지 적지 않은 걸 생각하면 이상한 일도 아니다. 다만 우리가 미국은 '자유로운 나라'라고 생각해서, 혹은 몰라서 보이지 않는 것뿐이고, 미국도 법만으로는 돌아갈 수 없는 사회다. 트럼프가 바로 그 대목에서 많은 것을 지키지 않고 있고, 그게 미국인들을 불편하게 만들고 미국의 시스템이 돌아가지 않는 결과를 낳는 것이다.

팬데믹으로 2020년 졸업 프롬은 무산되었고, 아들아이는 프롬 없이 졸업한 학년이 되었다. 하지만 백신 접종으로 2021년 5월에는 다시 프롬이 열렸고, 딸아이는 학교 근처 컨트리 클럽을 전세 내 프롬을 제대로 즐길 수 있었다.

# 고4병과 캔버싱

2020 JAN 13

미국 고등학교 졸업반 학생들은 시니어리티스(senioritis, senior+itis: 고4병)를 앓는다. 대학 지원은 다 끝났고 결과가 나오면 가을에 대학에 갈 때까지 의욕 상실에, 학업 태만에, 잠은 겨울잠 자듯 자고, 학교에는 같은 후드 티만 입고 가는 게으른 생활을 하게 되는 병이다(그런데 후드 티에 대한 룰은 있다. 졸업반은 반 후드 티를 만들어서 입는데, 이건 맨날 입어도 괜찮지만, 그 외의 후드 티를 매일 입으면 게으르고 지저분한 애로 취급받는단다).

아무튼 아들아이도 이제 슬슬 그 병을 앓을 때가 되어서 예의주시 중인데, 이번 주말에 친구를 따라 선거운동을 하러 가겠다고 했다. 아이의 친구 한 명이 우리가 사는 뉴저지의 9번 선거구에 출마하는 후보의 사무실에서 자원봉사를 하는데, 캔버싱(canvassing)하는 걸 도와주지 않겠냐고 해서 따라나서기로 했다는 것이다. 캔버싱이란 집집마다, 혹은 길을 다니면서 사람들에게 특정 후보 지지를 호소하는 행위를 말한다. 그런데 한국처럼 "기호 몇 번 아무개 열심히 하겠습니다!" 하고 외치는 게 아니라, 집집마다 찾아다니면서 후보를 소개하고 후보의 공약을 이야기하며 투표에 참여할 의사를 묻는 상당히 체계적인 작업이다.

어느 정도로 체계적이냐 하면, 앱까지 있다. 미니밴(Mini VAN)이라는 앱을 깔고 후보의 계정으로 동기화하면 캔버싱할 동네에 투표 등록을 한 유권자의 이름과 주소가 뜬다. 그걸 들고 집집마다 다니면서 유권자와 대화하고 어느 정도 관심을 보이는지 꽤 자세한 리스트에 체크하는 것이다(이런 작업에 대선 후보들은 대학생이나 대학교를 갓 졸업한 20대를 쓰는 반면, 하원의원 후보들은 고등학생을 쓰는 듯하다).

아이가 돕는 후보의 경우는 뉴저지주 민주당원인데, 현직 민주당 하원의원에게 6월 경선/예비선거에서 도전하는 사람이다. 즉 예비선거를 위한 캔버싱이고, 따라서 아이가 휴대폰에 다운로드받은 가가호호 명단은 전부 민주당 지지를 표명하고 유권자로 등록한 사람들이다. 한때 자기는 보수주의자라고 이야기했던 아들아이가 이 후보의 선거운동을 돕게 된 건 (진보로 선회한 것 외에도) 그의 주장에 크게 공감해서다.

아들의 이야기를 들어 보니 흥미로운 사람이다. 지나 스페자키스라는, 부모가 그리스에서 이민 온 블루칼라 노동자였던 여성 후보다. 스페자키스는 AOC(알렉산드리아 오카시오 코르테스), 버니 샌더스 같은 민주당 진보파이고, 지금 우리 선거구의 하원의원은 1997년부터 의원직을 놓치지 않은 82세의 백인 남성이다.

구도가 분명하게 보인다. 빌 클린턴 이후 당을 장악해 온 중도파로부터 당을 빼앗아 왼쪽으로 이동시키려는 움직임의 일환에서 추진되는 큰 물결이고, 그들이 하원에서는 낸시 펠로시와 부딪히고, 상원에서는 조 바이든 같은 정치인과 부딪히며, 버니 샌더스와 손을 잡는 거다.

아이가 돕는 스페자키스 후보가 꺾으려는 현 의원 빌 패스크렐은 뉴저지주의 패터슨(애덤 드라이버가 주연한 동명의 영화의 배경)에서 시장직에 있다가 하원의원에 출마해서 20년 넘게 의석을 지킨 인물이다. 그런데 하필 아이가 캔버싱을 하러 간 동네가 그의 안방인 패터슨이다.

이틀 동안 거의 200가구를 방문하고 온 아이의 말에 따르면 주말이라 집에 사람이 있고, 응답할 확률은 10% 정도. 대부분은 말을 잘 들어주고 지지도 표명하는데, 현 의원을 지지하는 사람들은 "나는 패스크렐이 나 같은 사람에게 잘해 줬기 때문에 듣고 싶지 않다"며 면전에서 문을 닫는다고 했다. 재미있는 건 현직 의원 지지자는 얼굴과 옷차림만 봐도 금방 알 수 있다는 아들의 말이었다. 어떻게 구분하냐고 물었다가 돌아온 답변에 나도 모르게 웃음을 터뜨렸다.

아들 **얼굴에 수염을 기른 나이 든 남자가 트럭 운전사 모자를 쓰고 나오면 100%야**(An old guy with a trucker hat and a mustache? Definitely).

## 삶의 지혜

2020 JAN 15

생일 파티나 모임 따위로 아이들이 어딘가로 이동해야 할 때 한 집의 부모가 운전을 자청하는 경우가 많다. 그러면 그 부모가 아이들을 일일이 픽업하기도 하지만 여러 명일 경우 학교 같은 제3의 장소에 모이라고 해서 한 번에 데려가고, 데려다주기도 한다. 물론 제3의 장소까지는 각자의 부모가 데려다줘야 한다.

그런데 운전을 자청한 부모도, 아이들을 부탁하는 부모도 원하는 건 단 하나, 상대방 부모를 만나서 인사하는 상황을 피하는 거다. 아이의 친구들을 보는 건 즐거운데, 부모들을 만나면 신경 쓰이는 일이 되기 때문이다. 이건 모든 부모가 아이를 키우면서 자연스레 습득하는 삶의 지혜다. 아이들이 어릴 때 플레이 데이트(play date, 또래 친구들과 만나 노는 것)하느라 어쩔 수 없이 만난 부모의 숫자만큼 다양한 사연이 있는데, 그것도 이제는 부담인 것이다. 그래서 이런 장면이 연출된다.

인적이 없는 넓은 주차장에 자동차 여러 대가 서로 거리를 두고 띄엄띄엄 서 있다. 엔진도, 헤드라이트도 모두 켠 채 조용히 기다린다. 잠시 후 아이들을 태운 차가 도착하면 아이들은 메신저로, 혹은 육안으로 자기 집 차를 확인하고 인사한 후 내린다. 아이들이 각자 차에 올라타면 아무 일 없었다는 듯 대여섯 대의 차가 조용히 줄지어 주차장을 떠난다.

마치 마약 거래 장면 같기도 하고….

## 팬데믹은 시간문제

2020 JAN 24

중국 우한에서 시작된 코로나 바이러스가 전 세계로 확산되는 것과 동시에 넷플릭스가 다큐멘터리 〈팬데믹(Pandemic: How to Prevent an Outbreak)〉을 내놨다. 도저히 우연이라고 보기 힘들어서 찾아보니 미리 만들어 놓고 대형 전염병이 터지기를 기다린 것 같다. 언론 기사도 이번 사태에 맞춰서 보도했다고 나온다. 마케팅이 너무 나간 거 아니냐는 말을 하는 시청자들도 있다.

사실 이 다큐멘터리의 주장이 '팬데믹이 터지는 건 시간문제(It's not a matter of if, but when)'니까 넷플릭스는 곧 터질 걸 알고 기다리고 있었던 게 분명하다. 모든 경우에 대비한 다큐멘터리를 만들어 놓고 최적의 시기에 풀어 놓는다고 사람들이 생각할 정도로 넷플릭스는 영리한 마케팅을 한다.

그런데 전염병과 관련해서 생각해 보면, 넷플릭스 같은 콘텐츠 기업이 확신하고 기다릴 만큼 인류가 위협에 노출되어 있다는 이야기이기도 하다.

## ✸ 나도 여자 형제가 있었다면

2020 JAN 26

운전 중 엿들은 두 아이의 대화.

동생　오빠, 오빠한테서 나쁜 냄새가 난다는 건 아닌데(I'm not saying you smell bad or anything, but)….

오빠　아닌데 왜(But what)?

동생　여자애들은 좋은 냄새가 나는 남자애들을 좋아해(Girls like boys who smell nice).

오빠　나한테서 안 좋은 냄새가 나(Do I smell bad)?

동생　아니, 오빠는 괜찮아. 하지만 항상 신경은 쓰라고(No, I said you're okay. But always take care of yourself).

오빠　어… 알았어(O… kay).

동생　하지만 이상한 코롱은 쓰지 마. 안 좋은 코롱은 안 쓰느니만 못하니까(But don't you ever use a bad cologne. Bad cologne smell is worse).

그렇게 오빠의 코롱은 동생이 골라 주는 걸로 결론이 났다.

## 코로나와 로봇

2020 JAN 27

시애틀에서 발견된 미국 최초의 코로나 바이러스 환자는 병원에서 로봇을 통해 치료를 받고 있다고 한다. 에볼라 바이러스에 대비해 환자와 치료진의 접촉을 최소화할 수 있는 로봇을 배치했는데, 그걸 이용해 환자 상태를 체크하고 환자와 대화를 나눈다고 한다. 로봇은 맞지만 우리가 생각하는 AI 로봇은 아니다.

그런데 놀랍게도 이 신종 바이러스가 확산되고 있다는 것을 처음 발견한 게 AI라고 한다. WHO가 독감과 비슷한 증세를 보이는 전염병이 중국 우한을 중심으로, 특히 야생동물을 파는 시장 주변에서 확산된다는 걸 알린 게 2020년 1월 9일. 세계 전염병 확산 방지의 종합 본부 역할을 하는 미국의 CDC가 이 질병을 알린 건 1월 6일. 그런데 캐나다의 AI 기반 모니터링 플랫폼(BlueDot)이 이 전염병을 처음 알린 건 2019년 12월 31일이다.

전염병의 경우 하루 이틀이 엄청난 차이를 만들 수 있는데, WHO와 CDC는 캐나다 플랫폼에 비해 일주일 늦은 셈이다. 이유는? 앞의 두 곳은 중국의 공식 발표를 받아서 결론을 내리는데, 중국 공무원들은 정보 투명성이 많이 떨어진다. 하지만 캐나다의 AI 플랫폼은 공무원 발표 외에도 외국 언론 보도를 모으고, 동식물 질병 네트워크를 살피며, 온라인 포럼과 블로그 등에 올라오는 질병에 대한 이야기를 살펴 전염병 확산 여부를 결정하기 때문에 맹점을 피할 수 있었다.

그런데 (이 대목이 의미심장한데) 소셜 미디어는 살피지 않는다고 한다. 소셜 미디어의 데이터는 너무 지저분(messy)하기 때문이란다. 모르긴 몰라도 증명되지 않은 단순 소문이 빠르게 확산되면 거기에 얼마나 무게를 두고 진위를 결정해야 하는지 쉽지 않을 것이다. 그리고 AI가 정보를 모은 후 최종 분석과 결론은 사람이 내린다고.

# 다시 오디오의 시대

2020 JAN 28

전화 통화의 개념이 크게 달라졌다. 가령, 우리 아이들이 친구들과 전화하는 걸 보면 스피커폰을 사용하는 경우가 절대적으로 많다. 자기들 방에서 통화를 하니 무슨 내용인지 들리지는 않는데, 친구 목소리가 분명하게 들린다. 때로는 식탁에서 공부하면서 친구에게 물어볼 게 있으면 책을 보거나 컴퓨터를 사용하면서 스피커폰을 켜 놓고 이야기한다. 물어보니 우리 아이들만 그런 것이 아니다.

내가 자랄 때는 집으로 들어오는 전화선이 하나였고, 그 선을 가지고 방마다 다른 전화기를 놓고 사용했다(사실 방마다 다른 전화기를 놓는 것도 대단한 발전이었다). 그리고 다른 사람이 통화 내용을 듣지 못하게 소곤소곤 대화하는 게 당연했다.

지금 아이들도 통화 내용을 공개하려는 건 아니지만 스피커폰을 사용하는 이유를 가만 관찰해 보니, 멀티태스킹이다. 전화를 하다가 방금 전에 본 유튜브 영상을 친구에게 보내고, 학교에서 찍은 사진, 인스타그램에 친구가 올린 사진을 주고받을 때마다 폰을 귀에서 떼는 게 귀찮은 거다. 컴퓨터로 숙제를 할 때도 그렇고, 친구와 온라인 게임을 할 때는 더더욱 그렇다. 그래서 아예 스피커폰으로 대화를 한다.

그러다가 블루투스 이어폰, 특히 'true wireless'라는 에어팟 같은 무선 이어폰이 대세가 되면서 변화 속도가 더 빨라졌다.

어느 미국 매체의 기사 내용에 따르면 요즘엔 통화 시간을 쓰지 않기 위해 와이파이를 사용한 화상통화/페이스타임을 이용한다. 그런데 화상통화를 하려는 게 아니기 때문에 휴대폰은 천장을 향해 놓는다. 그러면 일단 프라이버시가 확보된다. 그리고 블루투스 이어폰을 귀에 꽂고 각자 할 일을 한다. 청소를 하기도 하고 공부를 하기도 한다.

그러다 가끔 친구와 이야기한다. 그게 많은 미국 10대들이 소통하는 방식이다. 소위 '오픈 오디오'다. 그러다 얼굴을 봐야 하면 고개를 쭈욱 빼서 테이블 위에 올려둔 휴대폰을 내려다본다. 텍스트-오디오-비디오를 넘나드는 대화다.

이런 행동을 전화 통화를 아주 오래 하는 것으로 치부할 수도 있다. 하지만 잘 생각해 보면 전화 통화라는 개념을 근본부터 바꿔 놓은 행동이다.

— 전화 통화는 a. 용건이 있을 때 b. 상대방에게 무작정 걸어서 c. '용건만 간단히' 나누고 끊는다.

— 오픈 오디오는 a. 특별한 용건이 없고 b. 상대방이 가능한 상황(available)인 걸 확인한 후에 걸어 c. 그냥 가상의 (청각) 공간에 같이 있는 거다.

동의하지 않을 사람들도 많겠지만, 내가 보기에 이건 혁명적인 변화이고, 가상현실로 가는 첫걸음을 내디딘 것이다. 아이들이 의도했든 아니든.

많은 사람이 당장 통화를 하거나 음악을 듣지 않아도 에어팟을 귀에 끼고 다니는 것도 비슷한 현상이다. 덕분에 사라지고 있던 음성 통화가 다시 살아나고 있다는 말도 나온다. 물론 앞서 이야기한 것처럼 형태는 바뀌었지만.

몇 년 전만 해도 가상공간에서 사람들과 만나는 것은 반드시 헤드셋 같은 시각적 장치나 스크린이 있는 기기를 사용할 것이라는 막연한 가정이 있었다. 그런데 사람들이 에어팟을 사용하는 패턴을 관찰하니 의외로 오디오에서 먼저 돌파구가 생기는 모습이다.

## 유튜브가 바꾼 세상

2020 JAN 29

유튜브는 지난 15년 동안 세상을 완전히 바꿨다. 기성 미디어 기업의 수익을 낮추거나 아예 문을 닫게 했고, 새로운 사업 기회를 만들어 냈고, 무엇보다 사람들이 영상을 접하는 방식을 바꿔 놓았다. 어쩌면 우리가 아직 모르는 더 큰 변화가 진행 중일 수 있다.

유튜브가 가져온, 하지만 사람들이 흔히 이야기하지 않는 변화가 더 있는데, 바로 촬영과 편집 기술의 보편화다. 1990년대에 워드프로세서가 일반인의 필수 기술이 된 것처럼, 이제는 간단한 촬영과 편집 역시 그 단계로 들어서고 있다.

물론 촬영, 편집 기술의 보편화에는 디지털카메라/스마트폰의 보급과 손쉬운 편집 소프트웨어/앱의 개발이 필수적이었다. 하지만 아무리 편리한 장비와 앱이 있어도 사람들이 그걸 사용하고 싶은 동기가 없으면 사람들은 사용하지 않는다. 유튜브는 바로 그 동인을 제공했다(아이들에게 뭔가를 가르쳐 본 사람들은 잘 알겠지만, 가장 힘든 게 바로 동기 부여다). 많은 사람이 뭔가를 하려고 덤벼들면 사업 기회를 포착한 기업이 기기를 만들고, 쉬운 소프트웨어, 무료 앱도 만든다. 우리는 이렇게 1인 미디어의 시대가 열리는 모습을 목격했지만, 그게 우리를 어떤 세상으로 이끌어 갈지는 아직 모른다.

## 브렉시트

2020 JAN 30

결국 영국이 EU를 떠난다. 젊은 사람들은 유럽에 남기를 원하는데 나이 든 사람들이 고집을 피웠고, 젊은 사람들은 기후위기를 걱정하는데 나이 든 정치인들은 개인의 정치적 이익을 생각한 결정을 내린다.
영국의 유럽 의회 의원이 마지막 발언을 하면서 목이 메었다.

> 하지만 우리는 그 꿈을 살려 두어야 합니다. 특히 압도적으로 친유럽 성향의 젊은 세대를 위해서 그렇습니다. 저는 언젠가는 영국이 유럽의 심장으로 돌아온 것을 축하하러 이 회의실을 다시 찾겠다는 다짐을 가슴에 품고 있겠습니다. 감사합니다(But we must keep the dream alive, especially for young people who are overwhelmingly pro-European. I hold in my heart the knowledge that one day I will be back in this chamber, celebrating our return to the heart of Europe. Thank you).

울음을 터뜨린 의원을 다른 이들이 꼭 안아 주고 박수를 쳐 주는 모습에 나도 눈물이 났다.

## 아시아만 빼고



세계 최대의 투자은행 골드먼삭스가 앞으로 이사회에 남성만 있는 기업의 IPO는 하지 않겠다고 선언했다. "미국 기업에서 이사회에 여성이 한 명이라도 있는 경우와 그렇지 않은 경우를 비교하면 전자가 분명하게 실적이 더 좋기 때문"이라는 것이다. 그러니까 기업 내 다양성이 옳은 일이라서가 아니라, 그게 더 실적이 나는 일이라서 그렇게 하겠다는 얘기다.

하지만 이번 발표에 해당하는 기업은 미국과 유럽 기업이고, 아시아는 제외되었다. 사회·문화적 상황이 다르다고 판단한 것이다. 골드먼삭스가 시작했으면 점점 더 많은 투자은행이 그 기준을 도입할 텐데, 결과적으로 아시아 국가와 기업은 그 힘을 이용할 수 없다. 물론 이를 어떻게 해석해야 하는지에 대해서는 의견이 분분한 것 같다. 골드먼삭스가 아시아의 여성 임원에 대해 서구 기업의 여성만큼 신뢰하지 않는 것인지, 서구와 다른 아시아 문화나 기준을 존중(?)하려는 것인지, 아니면 그냥 피곤한 싸움을 피하려는 것인지 말이다.

그런데 골드먼삭스가 그 결정을 공식으로 발표한 '투자자의 날' 행사에서 열 명이 넘는 메인 행사 발표자 중 여성은 단 한 명뿐이었고, 그나마 행사가 시작한 지 5시간 만에 올라왔고, 다른 남성 발표자와 달리 혼자 올라온 것도 아니라 다른 남성 임원과 함께 올라왔다. 뉴욕포스트가 이걸 꼬집었다. 이런 지적이 나와야 다음 변화가 나타난다. 이만큼의 변화도 누군가 계속 문제를 지적하고, 숫자로 증명하고, 목소리를 높인 결과다.

그런 의미에서 골드먼삭스의 결정에서 아시아 지역이 빠진 건 아시아 국가에서 다양성에 대한 전투가 덜 치열해서 그럴

지도 모른다는 생각도 든다. 흔히 일본이 더 심하다고 하는데, 사실 한국의 상황이 더 나쁘다. 글로벌 투자은행 크레디트스위스가 2019년에 발표한 내용에 따르면 일본 기업의 이사회 내 여성 비율은 5.7%였지만 한국은 3.1%로 조사 대상 40개국 중 최하위였다. 아랍권 국가들도 우리보다 앞서 있다. 내부적으로 더 요구하고 더 크게 싸워야 한다고 본다. 싸우겠다고 덤비지 않는데 기득권을 포기하는 사람은 없다.

## 재활용 꼼수

2020 FEB 5

지난주에 매사추세츠주에 갔다가 살 물건이 몇 가지 있어서 근처 월마트에 들렀다. 이런 대형 매장은 똑같은 기준으로 매장을 꾸미고, 같은 물건을 같은 방식으로 판매하지만 주별로 다르고, 같은 주 내에서도 동네마다 분위기가 천차만별이다. 로드아일랜드주 경계를 넘자마자 매사추세츠주 쪽에 있는 월마트는 상대적으로 깨끗한 매장이었다.

그런데 물건을 사 들고 무인 계산대에서 계산을 마친 후 물건을 담으려는데, 낯선 비닐봉투가 있었다. 엄청나게 두꺼운 비닐봉투. 그렇게 두꺼운 걸 본 적이 없다. 집에 와서 봉투를 자세히 보니 이렇게 쓰여 있다.

> 세탁 가능, 재활용 가능, 지속 가능, 125회 재사용, 메이드 인 USA(Handwashable, Recyclable, Sustainable, Reuse 125 times, Made in USA).

미국인들이 정말로 저 비닐봉투를 씻어서 재활용할까? 어림도 없는 일이다. 그럼 왜 저런 봉투를 비치했을까? 그 지역에서 1회용 비닐봉투 사용이 금지됐기 때문이다. 그러면 1) 재활용봉투를 집에서 가져오거나 2) 종이봉투를 이용해야 한다. 하지만 월마트 같은 대형 매장에서 소비자의 구매 패턴은 수십 년 동안 굳었다. 빈손으로 와서 카트 가득 물건을 담아 얇은 공짜 비닐봉투에 담아 자동차 트렁크에 담고 집으로 가는 거다. 그리고 비닐봉투는 버린다. 그런 행동 패턴, 혹은 구매 패턴에서 재활용 봉투를 가져가는 건 존재하지 않는다.

그런데 미국의 각 도시에서 1회용 비닐봉투 제공을 금지하고 있다. 그래서 처음에는 월마트에서도 종이봉투를 제공했다. 하지만 이미 비닐봉투 사용에 익숙해진 미국인에게 종이봉투는 아무리 튼튼해도 손잡이도 없고 불편했다. 소비자의 불만이 쌓이는데 법은 법이니…. 그래서 훨씬 두꺼운 플라스틱 봉투로 바꾼 후 '재활용'이라는 이름만 붙였다. 그러면 법에 걸리지 않으니까.

매장을 찾는 손님 중 그 봉투를 다시 들고 오는 사람은 보지 못했다. 결국 사람들은 얇은 비닐봉투 사용하듯 재활용 봉투를 사용하고 있는 거다. 환경을 보호하려고 만든 법이 훨씬 더 많은 플라스틱이 버려지는 결과를 낳았다.

궁극적으로 소비자/시민의 행동을 변화시키지 못하면 법만으로는 불가능하다. 법이 아무리 강력해도 기업은 반드시 빠져나갈 구멍을 찾아낸다. 우리는 지난 수십 년 동안 공짜 비닐봉투에 중독되었다. 그런데 그걸 단순히 봉투만 재활용 봉투로 바꾼다고 될 일이 아닌 것이, 비닐봉투는 우리의 소비 패턴에 맞춰 등장한 것인데, 소비 패턴이 전혀 바뀌지 않았기 때문이다. 환경문제는 의식과 법 개정뿐 아니라 새로운 소비, 행동 패턴의 설계가 뒷받침하지 않으면 안 된다.

다시 (아직 비닐봉투를 금하지 않은) 뉴저지주로 돌아와 월마트에 가니 손님들이 마구 버린 얇은 비닐봉투가 바람에 날리다가 주변 높은 나뭇가지에 가득 걸려 있었다.

그리고 몇 달 후 매사추세츠의 월마트에 가니 다시 얇은 비닐봉투를 사용하고 있었다. 뉴스를 찾아보니 주지사가 비닐봉투 제공 금지 명령을 취소했기 때문이었다. 팬데믹 때문에 위생상 어쩔 수 없다는 것이 핑계였다.

# 팬데믹이 가르쳐 준 동물학 지식

2020 FEB 6

왜 바이러스 문제가 터지면 박쥐가 등장하냐는 질문에 어느 전문가(David Quammen)가 이렇게 설명했다. 1) 박쥐는 인간과 같은 포유류다. 2) 그런데 박쥐는 종 다양성이 무척 높은 포유류다. 지구상에 존재하는 포유류 종 전체의 25%가 박쥐만으로 이루어져 있다. 3) 포유류 중 드물게 날아다니는 동물이라 발생하는 대사 스트레스가 있는데, 거기에 면역 체계가 과민 반응하지 않도록 면역 반응을 떨어뜨린다는 연구가 있다. 그 바람에 다른 포유류라면 몸에서 죽었을 바이러스들이 박쥐 몸에서는 살아 있다.

팬데믹이 아니었으면 알지 못했을 것들이다. 역시 위기는 배움의 어머니.

## 여성이 이끄는 정부

2020 FEB 9

34세 여성 총리를 비롯해 여성이 다수 포함된 내각을 구성한 핀란드 정부가 유급 출산 휴가를 남녀 각각 7개월씩 총 14개월간 사용할 수 있게 했다.
한국 기준을 확인해 봤더니, 2019년 개정된 법에 따라 배우자가 출산한 경우 출산일로부터 10일간 유급휴가를 준다. 인구가 줄어드는 데는 이유가 있다.

## 기승전 투.표.

딸아이가 과학경진대회에 참석해야 해서 일요일 오후에 한참을 운전해 한 의과대학에 갔다. 그런데 항상 그렇듯, 이런 경진대회가 열리면 인도계 아이들과 부모들이 몰려온다. 동아시아계 아이들은 아마 유대계 아이들이 동아시아계가 몰려올 때와 비슷한 느낌을 갖는 것 같다. '우리가 저들을 이길 수 있을까?'
아니, 어쩌면 동아시아 부모들만 그렇게 느끼고 아이들은 그다지 개의치 않는 것 같기도 하다. 그래도 경쟁 상대로서 긴장은 한다. 다들 잘하는 데다 참가자 수도 많으니까.
그런데 앞 몇 줄에는 아이들이 앉아 문제를 풀고 부모들은 바로 뒷줄부터 앉아 그걸 구경하는, 참 특이한 분위기다. 미국은 이런 환경을 특별히 표준화하지 않고 지역에서 알아서 하게 맡기는 것 같다. 중간에 신경과 의사/교수가 나와 30~40분간 강의를 했다. 신경질환에 대한 강의였는데, 밖에서 기다릴 수 없는 시험장 배치 때문에 부모도 강의를 들어야 했다. 강의는 제법 재미있었다. 각 신경질환을 그걸 앓는 유명인의 예를 들면서 신경질환이 주위에 흔하고 질환을 앓아도 뛰어난 일을 할 수 있으며, 숨길 필요 없다는 메시지를 전달했다. 아주 효과적인 방법이었다. 부모들, 특히 인도계 부모들이 질문을 많이 했다(이 부분이 가급적 입을 다물고 있는 편을 선택하는 동아시아계 부모와 큰 차이점이다).

그러다 로널드 레이건 대통령 사진이 나왔다. "이 사람이 어떤 신경질환을 앓았는지 아는 사람 있어요?" 금방 알츠하이머라는 답이 튀어나왔다. 미국에서는 잘 알려진 사실이다. 하지만 잘 알려지지 않은 사실은 그의 알츠하이머가 백악관에 있는 동안 시작되었다는 것. 가족을 비롯해 가까운 보좌관들은 눈치를 채고 있었다. 교수는 그 얘기를 하면서 이렇게 말했다. "레이건의 알츠하이머 증상은 재선에 성공한 후 두 번째 임기 때 나타났다고 합니다. 비극이죠. 이런 비극을 막으려면 어떻게 할까요? 나이 든 대통령이 이상한 말을 횡설수설하기 시작하면 잘 관찰해야 합니다. 그리고 두 번째 임기에 들어가는 일이 없도록 해야 합니다. 여러분, 투표하세요."

아이들은 조용했지만 듣고 있던 부모들 사이에 웃음이 터졌다.

이 말은 현실이 되어, 2020년 미국 대선 투표율은 66.8%로 21세기 최고 기록을 세웠다. 경진대회에서 투표 독려를 할 만큼 미국 사회가 민주주의의 위기를 느꼈기 때문이 아닐까.

✸

## 〈기생충〉은 어떻게 아카데미를 휩쓸었나



아카데미 시상식에서 봉준호 감독의 〈기생충〉이 작품상과 감독상 같은 큰 상을 받은 것이 화제다. 한국은 물론 미국에서도 온갖 기사가 쏟아졌다.

'〈기생충〉이 아카데미상을 받게 하기 위해 CJ가 얼마나 썼을까?'라고 물으면 그 상을 돈 주고 매수했겠냐고 하겠지만, 할리우드에서는 돈을 쏟아붓지 않고 아카데미상을 받기 힘들다고 알려져 있다. 물론 심사위원들에게 뇌물을 주는 건 아니지만, 어마어마한 캠페인, 혹은 작전에 들어간다는 건 유명한 사실이다.

문제는 좋은 작품도 홍보 캠페인이 약하면 밀리지만, 아무리 강하게 조직적으로 홍보를 해도 영화가 뒷받침되지 않으면 안 된다. 이번에 넷플릭스가 아카데미상 수상을 위해 쏟아부은 돈은(밝히지 않았지만 업계 추산으로) 7천만 달러라고 한다. 제작비가 아니라, 오로지 아카데미 수상만을 위한 홍보비 규모가 우리 돈으로 800억 원이 넘는 거다. 넷플릭스는 그렇게 많은 돈을 쓰고도 완전 참패했다. 그래서 그 상이 아직도 권위를 인정받는 것이기도 하다.

이번 아카데미상에서는 작품상에 유난히 관심이 쏠렸는데, 이유는 몇 달 동안 미국 언론과 여론을 통해 꾸준히 흥행 분위기, 즉 '하이프(hype)'가 형성되었기 때문이다.

이런 하이프는 영화가 뛰어나야 가능하지만, 과장을 보태면 영화와 별개로 존재하는 독립된 생명체 같은 것이다. 때로는 감독 때문에 생기기도 하고, 배우 때문에, 주제 혹은 소재 때문에 생기기도 한다. 가령 2014년에 최우수 작품상을 받은

〈노예 12년〉 같은 경우 극장에서 큰 인기를 끈 것도 아니었고, 많은 사람이 주제가 너무 무거워서 도저히 볼 엄두가 나지 않는다고 했다. 하지만 당시 미국 사회의 분위기는 그 영화에 작품상을 줘야 할 만큼 흑인 차별 문제가 대두되고 있었다. BLM(Black Lives Matter) 운동이 그 배경에 있다.

물론 정치나 사회적 이슈만으로 상을 주지는 않는다. 작품이 뛰어나야 한다. 문제는 뛰어난 작품은 1년 내내 쏟아진다는 거다. 이번만 해도 무려 아홉 작품이 그 상을 두고 경쟁했다. 어느 영화가 받아도 욕을 먹지 않을 만큼 좋은 작품은 널렸다. 하지만, (모순적으로 들리겠지만) 어떤 영화가 받지 못하면 욕을 먹을 분위기는 있다.

퀄리티를 인정받으면 그다음에는 여러 면을 고려해야 하는데, 그게 과거 한국의 청룡영화제에서 끈과 힘과 정치였다면 아카데미는 좀 다르다. 거기에 끈과 힘과 정치가 없다는 게 아니라, 일 순위 고려 사항이 다르다는 의미다.

아카데미상이 고려하는 최우선 순위는 시상식 자체의 흥행이다. 생각해 보면 아카데미상이 굳이 골든 글로브보다 위에 있다고 생각할 이유는 없다. 이게 연구 실적과 학생 성적을 객관적으로 보여 주는 대학 순위 싸움도 아니고, 제품 판매 실적을 순위로 내고 기업 가치로 평가할 수 있는 비즈니스도 아니다. 그해의 모든 영화 시상식은 결국 같은 작품, 즉 똑같은 재료를 가지고 만들어 내는 요리다.

결국 어느 시상식이 하이프를 더 잘 만들어 내느냐가 관건이다. 그걸 아카데미가 가장 잘해 왔기 때문에 인정받은 것일 뿐, 절대로 영원한 건 없다. 가령 요즘 시상식 앞이나 중간에 등장하는 코미디언의 수준은 골든 글로브가 훨씬 낫다. 아카데미는 요새 노쇠한 티가 난다. 아마 긴장하고 있을 것이고, 내년에는 변화가 있지 않을까 싶다. 물론 중간 공연은 아카데미가 여전히 최고다.

따라서 아카데미상은 흥행을 위해 대중의 온도를 잘 측정해야 한다. 그런데 그걸 그대로 반영하는 게 아니라(그러면 흥행이 안 된다. 욕을 안 먹는 것과 흥행은 다르다), 측정된 온도를 바탕으로 가장 '장안에 화제가 될' 결정을 해야 한다. 때로는 무리수를 두는 바람에 화제가 아니라 구설수에 오르는 것도 그런 이유에서다(그렇게 보면 노벨상도 크게 다르지 않다. 오바마가 대통령에 취임하자마자 평화상을 받은 황당한 일도 결국 노벨 평화상이 사람들 사이에 의미를 잃지 않고 살아남으려는 노력에서 나온 헛발질이었다고 생각한다).

〈기생충〉이 지난 몇 달 동안 미국 내에서 불러일으킨 화제를 생각하면 이 영화에 작품상을 주지 않으면 안 되는 분위기가 형성되었고(미국 팬과 평론가들이 "정말로 아카데미가 외국어 영화에 이 상을 줄까?"라는 말을 자주 했다), 감독상을 비롯해 새로 바뀐 인터내셔널 피처 필름상을 줄 바에는 작품상까지 몰아줘서 이번 시상식을 흥행시키자는 고려를 할 수밖에 없었을 것이다. 흔히 '아카데미가 될 영화에 몰아준다'는 말은 종종 맞는 말이지만, 정확한 표현은 아니다. 아카데미는 시상식 자체를 흥행시키고 언론에서 기사를 쏟아 낼 가능성이 있을 때 비로소 몰아주기로 결정한다.

그래서 〈기생충〉이 받을 수 있었다는 얘기가 아니라, 그렇기 때문에 〈기생충〉에 주지 않으면 안 될 분위기가 형성되었다는 뜻이다. 게다가 아카데미는 92년의 역사를 깨고 스스로 변신하는 것마저 완벽하게 흥행시킨 것이다. 지금 미국 매체는 "〈기생충〉이 아카데미의 역사를 바꿨다"는 말을 쏟아 내고 있다. 아카데미는 역시 흥행의 귀재다. 오로지 흥행만 생각하는 사람들이 모인 동네에서 최고로 치는 시상식이니 오죽하겠는가.

그렇다고 누가 아카데미에 외국어 영화에 작품상을 주라고 시위를 한 것도 아니다. 왜 작품상은 영어로 된 영화에만 주느냐는 말은 항상 있었지만, 그렇다고 여성 감독이나 흑인 배우의 수상에 대한 압력만큼 강한 건 아니었다. 다만 〈기생충〉 때문에 그 소리가 커진 게 사실이다. 하지만 "이래도 안 줄래?"라는 목소리와 아카데미 시상식 자체의 흥행을 연결시킨 것은 흥행 전문가의 솜씨다. 영화는 결국 어디에서 어떤 하이프가 일어나고 있는지 촉이 잘 발달해야 성공할 수 있는 업종이다.

1년 뒤에 열린 2021년 아카데미 시상식에서는 윤여정 배우가 한국계 미국 감독이 만든 영화 〈미나리〉로 여우 조연상을 받았다. 〈기생충〉의 성공이 우연이 아니었음을 보여 준 셈이다.

## ✸ 민주주의에는 원래 구멍이 많다

2020 FEB 14

다들 기억하겠지만, 박근혜 전 대통령의 탄핵 판결이 임박했을 때 사람들은 "만약 청와대에서 나오지 않겠다고 버티면 어떡하지? 끌고 나오나?" 하고 걱정한 적이 있었다. 다행히 마지막 순간만큼은 법의 판단을 존중했기 때문에 험한 꼴은 피했다. 지금 미국에서 똑같은 걱정을 하고 있다. 그런데 2017년 한국보다 가능성이 훨씬 더 크다. 왜냐하면 트럼프이기 때문이다. 박근혜의 실체는 최순실이었지만, 트럼프의 실체는 트럼프다.

트럼프는 자신이 이긴 선거 결과에 대해서도 가짜 뉴스를 만들어 내는 인물이다. 트럼프는 선거인단 숫자에서 승리했지만(304:227) 일반투표(popular votes), 그러니까 국민이 실제로 던진 표는 약 300만 표 차이로 밀렸다. 그래도 적법한 승리다. 그런데 당선되고도 열등감에서 벗어나지 못한 트럼프는 그걸 인정하지 못하고 "선거 부정이 있었다. 수백만의 가짜 표가 쏟아져 들어왔다"는 주장을 선거 직후부터 끊임없이 제기하고 있다. 본인이 그렇게 믿는지 안 믿는지는 모르지만 그의 지지자들은 그렇게 알고 있다. 미국 선거관리위원회에서 공식적으로 그런 일이 없었다고 밝혀도 그게 가짜 뉴스이고, 트럼프의 트윗이 진짜 뉴스라고 믿는다.

그런 트럼프가 올해 11월 선거에서 적은 표 차이로 졌다고 생각해 보라(현대 미국의 대선은 항상 박빙이다). '부정선거다. 내가 이겼다'고 주장하면 어떻게 할 것인가? 공화당 지지자들이 트럼프를 지키겠다고 총을 들고 백악관을 둘러싸고 트럼프가 그들에게 트윗으로 명령을 내리면? 이런 상황에 미국이 전혀 준비되어 있지 않다고 경고하는 책이 나왔다. 리처드 헤이슨의 〈선거 붕괴(Election Meltdown)〉다. 저자에 따르면 트럼프는 이미 이런 상황을 준비하고 있다. 가령 미국의 복잡한 투·개표 절차 때문에 부재자 투표 결과는 며칠 뒤에야 나오는데, 트럼프는 "투표 당일에 개표된 걸로 결정해야 한다"는 말도 안 되는 주장을 하고 있다(부재자 표는 대개 민주당 후보에게 간다는 것이 정설이다).

한국처럼 투표와 선거 관리가 잘되는 나라는 흔치 않다. 미국은 주마다 투·개표 방식이 다르고, 오류가 날 가능성도 높다. 게다가 투표권자에 대한 관리 이슈, 부정의 역사도 길다. 특히 '투표자 억압(voter suppression)'이라고 해서 유색인종에 대한 조직적 선거방해 행위는 21세기에 들어서도 여전하고, 상대 당 지지자들에게 허위 투표 장소를 문자로 알리는 일이 벌어지는 나라다.

문제는 대선이 직선제가 아니라 주별로 대의원을 뽑는 간선제이기 때문에 결정적인 격전지 한두 군데에서만 문제를 일으켜도 결과를 뒤집을 수 있다는 것이다(40대 이상이면 기억하겠지만 2000년 미국 대선 때 그런 어설픈 투·개표 관리가 W. 부시를 대통령으로 만들어 주었다). 트럼프로서는 이 몇 군데에서 승리를 주장하며 가짜 뉴스를 만들어 내면 된다.

민주주의에는 원래 구멍이 많다. 역사가 짧기 때문에 모든 상황에 대한 사전 대책이 있는 게 아니다. 하지만 언론과 시민단체 등 다양한 기관이 그 구멍을 막아 주고 권력을 감시했기 때문에 이 정도나마 위태위태하게 버텨 왔다.

결국 2020년 11월 선거에서 패한 트럼프는 떠나기 직전까지 지지자들을 동원해 선거무효를 주장하며 민주주의 절차를 무시했고, 이 글을 쓰는 지금까지도 자신이 승리를 도둑맞았다고 주장하고 있다.

## 봉준호 따라 하기

내 어머니는 아들이 4개의 신문에 칼럼을 써도 정작 당신이 구독하는 신문에는 쓰지 않는다고 항상 불만이시다. 이번에도 아쉬워하시길래 이렇게 말씀드렸다.

"한겨레는 로컬이에요."

아카데미를 디스한 봉준호 흉내를 내 본 건데, 알아들으신 것 같지는 않다.

## ✸ 무책임한 이미지

방금 한국 어느 일간지 기사를 읽다가 보기 싫은 그 이미지를 또 보았다. 여성을 상대로 한 성범죄 관련 뉴스에 한국의 언론사들이 즐겨 쓰는 '범인 앞에서 움츠리고 우는 여성'이라는 자료 이미지는 그 표현의 게으르고 진부함은 차치하고라도 심각한 문제를 갖고 있다.

순결 이데올로기와 '여성은 남성 앞에서 무력한 존재'라는 메시지를 언더톤으로 포함한 이미지다. 여기에 등장한 여성은 전부 남성의 처분만 바라는 것으로 묘사된다. 이건 성폭행범의 판타지에 가까운 이미지다. 그들이 노리는 여성은 싸울 능력이 없는 여성이기 때문이다.

기사를 읽어 보면 피해자가 소리를 질렀다고 한다. 엄밀하게 말하면 그걸 수동적 뉘앙스의 '비명'이라고 한 표현도 문제지만, 어쨌든 여성이 저항한 게 분명한데, 이 그림은 전혀 다른 이야기를 하고 있다. 이것이 여성을 보는 한국 사회의 남성 중심 시각이다. 여성은 '지켜 줘야' 하는 존재일 뿐, 그들이 싸워서 스스로 지키려는 모습은 받아들이기 싫어하는 무의식이 만들어 낸 교묘한 왜곡이다. 여자아이들이 이런 그림을 보고 자라면 공격받을 때 자신감을 가지고 싸울 생각을 할까? 언론이, 사회가 여자아이들로 하여금 무력감을 무의식적으로 학습하게 하는 아주 무책임한 이미지다.

사람이든 짐승이든 희생자, 먹이를 찾는 포식자(predator)는 항상 쉬운 상대를 찾는다. 같은 폭력범이라도 상대가 남성이면 '내가 이길 수는 있어도 저쪽이 그냥 순순히 당하지 않을 것' 같다는 생각에 공격을 포기한다. 남성 중심 사회에서 남성이 여성을 마음 놓고 공격하는 가장 큰 이유는 사회에 만연한 '여성은 반격하지 못한다'는 생각 때문이고, 이런 이미지가 그런 고정관념을 만들어 내고 영속화한다. 즉 여성을 만만한 상대로 생각하게 한다. 그렇기 때문에 우리 사회에 필요한 것은 '연약한 여성을 보호'해 줄 남성이 아니라, 여성에게 힘을 부여하는 일(empowerment)이다.

그 작업이 이미지에 어떻게 반영될지 궁금하다면 지금 진행되는 하비 와인스타인 재판 보도사진을 보라. 조명과 인물 배치, 구도 등 모든 면에서 여성을 힘 있는 존재로 보여 주는 사진이다. 사진기자와 편집자의 의식과 철학 수준이 이렇게 드러나는 거다. 피해자 측 변호사로 보이는 여성의 얼굴에서 '감옥에 처넣고야 말겠다'는 투지가 보이지 않는가. 여성의 연대감이 느껴지지 않는가. 여기에 등장하는 인물은 연민의 대상이 아니다. 남성의 도움이 필요한 존재가 아니라 연대해서 스스로를 구해 낼 수 있는 힘있는 여성이다. 이런 이미지가 사람들의 생각을 바꾸고, 세상을 바꾼다. 여성에게는 힘을, 잠재 범죄자에게는 경고를 주기 때문이다.

적절한 이미지를 구할 수 없다면 아예 이미지를 넣지 마라. 왜 사건 내용과 무관한 그림으로 범죄자들이 좋아할 판타지를 만들어 주는가? 왜 21세기에 들어선 지 20년이 지난 지금도 여성을 대상화한 가해자 시각의 그림을 봐야 하나?

## 오프라인의 종말

2020 FEB 18

오늘 미국에서 피어 원 임포츠가 파산 신청을 했다. 인테리어 소품을 파는 매장인데, 사실 벌써 몇 년째 전국의 매장이 줄줄이 문을 닫고 있어서 이런 소식을 들으면 오히려 '어? 그 매장이 아직도 버티고 있었어?' 하는 생각이 들 정도다. 앞으로 어떤 백화점이나 대형 매장이 문을 닫을지 다들 예측하고 있다. 시간문제라는 거다.

왜 매장이 파산을 하느냐고 물으면 가장 쉽게 들을 수 있는 얘기가 아마존을 비롯한 온라인 매장의 성장이다. 물론 틀린 말은 아니다. 하지만 원인의 전부는 아니다. 가령 자동차 회사도 장기적으로 판매 전망이 어두운데 그게 아마존 때문이라고 할 수는 없지 않은가? 그저 세상이 변하는 거다.

# 뉴욕 분위기 내기

2020 FEB 21

뉴욕시에서 영화를 촬영하기 위해 동원된 차량을 가끔 보는데, 당연한 얘기지만 시에서 내준 허가증 같은 게 붙어 있다. 특히 찻길을 막고 촬영할 경우 비용이 크게 치솟는데, 이 경우 저렴한 대안이 영국 맨체스터라고 한다. 맨체스터시의 노던 쿼터의 풍경이 옛날 뉴욕과 비슷한데, 길을 막는 데 소요되는 비용은 훨씬 더 저렴하기 때문이다.
다만, 거리가 뉴욕보다 깨끗해서 거리에 쓰레기를 뿌려 뉴욕 분위기를 내야 한다고.

## ✸ 가장 무서운 바이러스 2020 FEB 22

교회에서의 코로나19 감염 확산이 연일 화제에 오르고 있다. 그런데 가장 무서운 바이러스는 따로 있다. 교주나 목사가 모이라고 하면 위험에도 개의치 않고 모이는 사람들은 이미 이 바이러스를 가지고 있다. 벗어나는 게 불가능에 가까운 '생각 바이러스'다. 종교 집단만이 아니다. 조직에서 함께 일해도 자신의 이익과 조직의 이익을 계약 관계로 이해하는 사람이 있는가 하면, 조직과 자신을 분리하지 못하는 사람들도 많다. 다른 모든 일에는 멀쩡하게 독립적인 생각을 하는 사람이 자기가 속한 조직과 관련해서는 항상 옳다고 생각하고, 진심으로 옹호하는 모습을 종종 본다.

이런 사고방식이 한국 문화에서는 곱게 보이지 않는다는 건 알지만, 나는 개인과 조직은 항상 계약 관계여야 한다고 생각한다. 사람이 개미가 아닌 이유는 독립적인 사고와 판단을 할 수 있기 때문이고, 그걸 할 수 없게 되는 순간 '동원 가능한 인원'으로 전락한다. 물론 조직은 끊임없이 '한 몸'으로 작동하기 위해 조직원에게 생각 바이러스를 심으려 애쓴다. 조직도 하나의 생명체이기 때문에 스스로를 유지하기 위해 당연히 들여야 할 노력이다. 따라서 개인이 각자 그 선을 지키지 않으면 조직은 언제든 개인을 흡수해서 부품으로 만든다. 그게 조직의 생리이니 그렇다.

부품이 되는 걸 피하려고 해도 아이들이 자라면서 그 방법을 배울 곳이 없다는 게 문제다. 아니, 오히려 가정에서부터 '너는 내 자식', '너희는 이 집안 사람'이라는 식으로 전체의 일부, 조직의 부품으로 존재하는 방법을 가르친다. 그리고 학교에 가서는 학교의 부품, 종교 단체에서는 그 단체의 부품, 더 나아가 회사와 국가의 부품이 되고, 그렇게 작동할 때 익숙하고 편안한 사람이 된다.

따라서 부모에게 순종하고 조직과 국가에 충성하는 것을 중요하게 여기는 사회는 이상한 종교에 빠질 예비군을 만드는 것이나 마찬가지다. 신천지, 통일교 등 종류는 달라도 결국 같은 방식으로 작동하는데, 많은 부모가 아이들을 그런 조직의 파이프라인에 잘 흡수되도록 다듬어서 세상에 내보낸다. 아이들을 리더가 당황스러워할 질문을 하고, 집단 내 주류 이데올로기를 의심하는 모난 돌로 만들어야 그런 파이프에 쉽게 빨려들지 않는다는 게 내 생각이다. 그러려면 부모부터 아이의 논리적인 질문과 합리적인 의심에 귀를 기울이고, 들어주고, 격려해야 한다.

## 가진 건 시간뿐

2020 FEB 23

미국의 한 공공 도서관에서 봉준호 감독의 〈기생충〉 DVD를 60개 가져다 놓았는데, 대기자가 644명이라고 한다. 더 놀라운 건 2020년에 DVD를 보는 사람들이 그렇게 많다는 사실이다. 공공 도서관을 이용하는 인구 중에는 노인이 꽤 많다. 그들로서는 영화를 공짜로 볼 수 있고, 스트리밍보다 훨씬 익숙한 DVD를 사용할 수 있으니 어쩌면 당연하다.
그리고 은퇴한 노인에게 기다리는 건 큰 문제가 아니다.

## 강 건너 불구경

2020 FEB 25

한국에서 코로나19 환자가 폭증한 상황을 미국 언론에서 큰 관심을 갖고 보도하고 있다. 확진자 규모가 크기 때문이기도 하지만, 미국에 미칠 경제적 영향에 제일 관심이 있다. (한국에서) 완제품도 많이 구매하지만, 전자, 자동차의 재료 부품을 한국에서 많이 구입하기 때문에 '한국의 사태가 장기화되면 미국 공장에도 영향을 미친다'는 것이다. 특히 신흥 종교 집단에서 바이러스가 퍼졌다는 사실을 빼놓지 않는다.

이탈리아는 '경제도 안 좋고 관광이 주요 산업인데 그게 멈추게 생겼으니…' 투의 보도에 이어 '이탈리아가 뚫렸으니 유럽에 퍼지는 건 시간문제'라는 얘기가 나돈다.

그런데 정작 미국인들은 아직도 코로나 바이러스가 남의 나라 얘기처럼 생각하는 듯하다.

그런가 하면 한국의 어느 교회에서는 이런 공지문을 돌렸다고 한다. "기침이 나는 분은 반드시 마스크 착용 후 예배를 드리기 바랍니다."

기업은 재택근무 등으로 최대한 노력을 하는데, 종교 단체는 일요일 예배를 강행하려는 듯하다. 신천지 신자들은 일이 터진 후에 한 행동으로 비난을 받지만, 실질적인 문제의 원인이 단체로 모인 종교 행위였다면, 기성 교회와 신천지는 다를 게 없는 환경이다. 이러다 각 교회가 전파 장소가 되는 지극히 한국적인 시나리오도 가능하지 않을까? 어쩌면 코로나19는 한국인이 종교를 싫어하게 만드는 계기가 되지 않을까 하는 생각도 든다.

그나저나 애틀랜틱 기사처럼 코로나19는 결국 모두 다 걸리는 질병이 되는 걸까?

감염병 학자들은 이번 바이러스는 새로운 계절 전염병, 즉 다섯 번째 토착(endemic) 코로나 바이러스가 될 가능성이 높다고 입을 모은다. 현재까지 존재하는 네 개의 코로나 바이러스에 대한 사람들의 면역력은 오래 지속되지 않기 때문에, 그런 식이라면 이제까지 (겨울이) '감기와 독감의 계절'로 불렸다면 앞으로는 '감기와 독감과 코로나19의 계절'이라 불릴지 모른다.
— "You're Likely to Get Coronavirus," The Atlantic, Feb. 24, 2020

OK(체념).

# 고맙다면 돈으로

2020 FEB 27

대한민국 정부가 방역에 매진하는 모습과 일선에서 고된 노동을 하고 있는 방역 인력의 모습은 박수를 받아야 한다. 그런데 어디까지나 메시지 전달의 차원에서 좀 조심해 줬으면 하는 게 있다.

방역에는 의료 인력과 더불어 공무원들이 매달려 있다. 이들을 본 사람들은 하나같이 과로에 지친 모습이라고 한다. 호주의 들불, 미국의 허리케인처럼 대형 재난이 닥치면 일선에서 싸우는 사람들은 주 52시간 노동이 아닌 초인적인 근무를 해야 한다. 이는 현재의 제도와 자원으로는 어느 나라도 피할 수 없는 현실이다. 그래서 그들을 응원하는 아름다운 메시지가 등장한다. 소셜 미디어에는 소방관들이 지쳐 쓰러져 잠든 모습이 나오고, 목숨을 걸고 헤엄쳐 이재민을 구하는 장면이 방송을 타고 박수를 받는다.

하지만 그건 어디까지나 국민 입장에서 소개하고 격려하는 거다. 정부는? 고용주다. 자원해서 달려간 사람도 있지만, 정부에 고용된 인력이 절대 다수다. 그런 정부가 이들의 노고에 감사하는 마음을 갖는 것은 참 고마운 일이다. 하지만 그 고마움은 이들에게 최대한 편의를 제공하고 보상하는 형태로 이루어져야지, 응원 포스터로 표현하는 건 좋은 방법이 아닌 듯하다. 이런 포스터는 노동자들에게 당신이 과로를 하는 것이 당연하고 어쩔 수 없다는 메시지를 암묵적으로 전달할 수 있다.

똑같은 이미지와 메시지라도 수혜자인 국민이 이런 포스터를 만드는 것과 고용자인 정부가 만드는 건 완전히 다른 언더톤을 갖는다. "여러분, 힘내십시오"라는 말을 국민이 하면 격려지만, 고용주가 하면 직설적인 의미가 된다. "늘어져 있지 말고 힘내서 더 일해"로 들리는 것이다. 윗사람의 말은 항상 윗사람이 생각하지 못한 무게를 갖는다(같은 사진이라도 "여러분의 희생과 노력, 저희가 잊지 않겠습니다"라고 하면 오해를 많이 피할 수 있다).

더 나아가 정부가 '우리가 이렇게 열심히 일하고 있다'는 것을 보여 주기 위해 일선에서 고생하는 인력의 지친 모습을 보여주면, 정부의 방역 작업을 비판하는 사람들에게 "이렇게 많은 인력이 고생하며 일하는데 어떻게 당신은 비판을 할 수 있느냐"는 '실드'를 친다는 오해를 받기 딱 좋다.

정부의 홍보는 정말 아슬아슬한 줄타기다. 방역 인력이 밝게 웃는 모습을 포스터에 담으면 그들이 편하고 행복하다는 전체주의식 프로파간다가 되고, 고생하는 모습을 보여 주면 정부가 일선 인력 뒤에 숨는 중국식 프로파간다가 된다. 그 줄타기를 잘할 자신이 없으면 안 하는 게 좋다는 게 내 생각이다. 정부가 열심히 하고 있으니 이런 포스터 만들지 않아도 국민이 알아서 전파하고 홍보해 주고 있다. 그게 수십 배의 홍보 효과가 있다.

그리고 이들에 대한 감사는 이 모든 게 끝난 후 꼭 돈으로 하라. 자본주의 사회에서 진심은 돈으로 드러나고, 돈이 가장 아름다운 거다.

## 박쥐 효과

2020 FEB 28

미국 대선을 앞두고 버니 샌더스가 네바다에서 대승을 거두면서 민주당은 충격에 빠졌다(물론 여기서 민주당이라는 건 중도-온건/친기업 민주당이다). 샌더스는 트럼프를 상대로 할 때 필패 카드라는 것이다. 현재 여론조사에서는 격전지를 포함해 많은 주에서 샌더스가 트럼프를 이기는 것으로 나오고 있지만, 아직 트럼프가 본격적인 선거 홍보를 시작하지 않았기 때문이고, 일단 시작하면 샌더스가 가장 쉬운 먹이가 될 것이라는 주장이다.

민주당 지지자 중 샌더스에게 호의적인 사람도 미국의 경기가 아주 좋고 실업률이 낮은 상황에서 샌더스가 트럼프를 이기기는 힘들다고 전망한다. 물론 트럼프가 정치를 잘해서 경기가 좋아졌다고 생각하기는 힘들다. 경제학자들은 정치가 경제에 영향을 미치지 않는다고 이야기한다. 하지만 유권자들은 연관 관계가 있다고 믿기 때문에 거꾸로 경제가 정치에 미치는 영향은 존재한다. 즉 경기가 나쁘면 재선이 힘들어진다.

그런데 이틀 연속으로 주식시장이 폭락했다. 실제로 코로나19가 치사율과 무관하게 세계경제를 붕괴시킬 것이 점점 더 분명해 보이기 때문이다. 미국에 이 바이러스가 퍼지지 않더라도 미국 경제가 타격을 입을 만큼 세계경제는 촘촘히 연결되어 있다.

게다가 미국이 이 바이러스에 준비가 안 되어 있다는 신호가 곳곳에서 나오고 있다. 심지어 한 기자는 한국에서 코로나19 진단 시약을 수입할 수 없느냐는 질문도 했다. 트럼프가 바이러스 대비책으로 펜스 부통령을 임명한 것은 그만큼 문제의 심각성을 느끼고 있기 때문이기도 하다.

하지만 전문가와는 거리가 먼 부통령을 방역 수장에 임명하는 건 좀 이상한 모양새다. 기존 방역 시스템으로 충분히 작동해야 하는데 (2005년 카트리나가 부시를 최악의 대통령으로 만든 것처럼) 기존 시스템이 작동하지 않으면 트럼프가 직접 타격을 받는다. 그런데 이번 전염병은 문제가 커질 듯하니 '나는 이 정도로 신경을 썼다'는 티를 내고, 문제가 커져 대비가 충분하지 않았다는 비판이 나오면 펜스에게 책임이 가도록 미리 손을 쓰는 듯한 느낌이다.

그런데 정말로 이번 사태가 커져서 미국의 호황이 끝나면? 실직자가 늘어나면 의료보험에 대한 관심이 늘어나고 샌더스의 단일 보험 주장에 귀가 솔깃할 사람이 늘어날 테고, 무엇보다 트럼프의 자질이 부족하다는 생각이 퍼질 것이다. 그러면 민주당 중도파가 걱정하는 것처럼 샌더스가 트럼프를 상대로 경쟁력이 약하지 않을 수도 있다. 정말로 샌더스가 후보가 되어 트럼프를 누를 수 있을지 모른다.

일이 그렇게 진행된다면 중국 후베이성 어느 숲속 동굴에 살던 박쥐 하나가 아무도 막지 못했던 트럼프를 막는 셈이다. 그렇다면 이건 나비효과, 아니 박쥐 효과라고 불러야 할 거다.

결과적으로 박쥐 효과가 샌더스를 당선시키지는 못했다. 하지만 많은 선거 전문가가 팬데믹이 아니었으면 트럼프가 재선에 성공했을 거라고 분석했다. 그리고 대통령이 된 조 바이든은 팬데믹으로 발생한 위기를 정부의 역할을 강화하는 기회로 삼으면서 레이건 이후 이어지던 정부 축소의 보수화에 제동을 걸고 있다.

# 재택근무 테마주

2020 FEB 29

코로나19 때문에 전 세계적으로 재택근무가 늘어날 것으로 예상되면서 관련 주식이 상승세인데, 그중 사람들이 가장 좋아하는 서비스는 '줌(Zoom)'이다. 그런데 최근 나스닥에서 '줌(ZOOM)'의 주식이 무려 513% 상승했단다.
문제는 나스닥 시장 티커심벌 ZOOM(Zoom Technology)이 그 '줌'이 아니라는 것이다. 사람들이 사려고 하는 비디오 컨퍼런스 서비스 줌(Zoom Video Communications)의 티커심벌은 ZM. 이 주식은 56% 상승했다. 사람들의 실수로 주가가 상승한 '줌(Zoom Technology)'은 10년 가까이 수익 보고도 없는, 사실상 문 닫은 회사라고 하니까 상승 폭이 커 보여도 별건 아닌데…. 그래도 주식을 사면서 회사를 검색도 한번 안 해 보는 사람이 그렇게 많다는 건 좀 놀랍다.

2020년 10월에 정점을 찍은 (진짜) 줌의 주가는 2021년에는 다소 떨어졌다. 백신이 나왔을 뿐 아니라, 마이크로소프트, 구글 같은 기업이 경쟁 서비스를 내놓으며 추격하고 있기 때문이다. 하지만 아직도 화상통화에서는 인기 1위를 차지하고 있다. 다른 건 몰라도, 팬데믹이 화상통화가 보편화되는 데까지 이르는 시간을 대폭 축소시킨 것만은 분명하다.

## 기억력의 장벽

이제는 행성의 '자격'을 상실하고 왜행성(dwarf planet)으로 전락한 명왕성의 경우 1년이 무척 길어 지구 시간으로 약 248년이다. 그런데 명왕성이 발견되어 행성이라는 타이틀이 붙은 것이 1930년의 일이고, 그 타이틀을 잃은 것이 2006년이니 발견된 후 태양 주변을 3분의 1도 채 돌기 전에 행성 노릇이 끝난 셈이다.

명왕성의 1년을 생각하다가 이런 생각실험을 해 보았다. 만약 지구가 태양계를 한 번 도는 데 240년이 걸린다면? 물론 지구가 태양에서 그렇게 멀리 떨어져 있다면 생물체가 살 수도 없겠지만, 지구와 모든 조건이 똑같고 인간의 수명도 똑같다는 가정하에 1년의 길이만 현재보다 240배로 늘어난다면 어떤 일이 벌어질까?

우선 산술적으로만 생각하면 한 계절이 (현실 속 지구의 시간을 기준으로) 60년 정도 될 것이다. 알다시피 근대 의학이 발달하기 전까지 60세까지 살 수 있는 건 특별한 행운이었다. 그렇게 생각한다면 명왕성의 궤도를 도는 생각실험 속 지구에서 대부분의 사람은 평생 한 계절만 살다가 세상을 떠났을 것으로 상상할 수 있다. 물론 의학이 발달하면서 4계절 중 두 계절을 맛이라도 보고 세상을 떠나는 사람이 생겨나긴 하겠지만 말이다.

그런데 내 생각실험 속 지구인에게는 심각한 문제가 있다. 바뀌는 계절에 준비가 되어 있지 않을 것이기 때문이다. 늦가을에 태어난 사람이 성인이 되어 겨울을 맞이한다고 생각해 보자. 하늘에서 눈이 내리고 온 세상이 얼어붙는 이상한 자연현상을 보게 되었는데, 그걸 마지막으로 본 사람은 240년 전, 그러니까 대략 10대조 할아버지, 할머니다. 지구에서 2020년을 기준으로 240년 전은 1780년, 조선 정조대에 해당한다. 정조 시절에 남긴 기록으로 2020년의 계절 변화에 대비할 수 있을까? 그나마도 기록을 제대로 남긴 문명국가에서나 기대라도 해 볼 수 있는 일이다.

2011년 태평양 해역에서 일어난 지진으로 일본에 대규모 쓰나미가 발생해 수많은 사람이 목숨을 잃었다. 그 일로 널리 알려진 사실이지만 일본의 동북부 해안에는 쓰나미 경고석이 수백 개 흩어져 있었다고 한다. 오래된 것 중에는 600년이 넘은 것도 있지만, 대부분의 경고석은 1896년에 일어난 두 차례의 대규모 쓰나미 이후에 세운 것이다. 경고석의 내용은 이렇다. '이 아래로는 집을 짓지 마라. 아무리 (쓰나미 없이) 오랜 세월이 흘러도 긴장을 늦추지 마라.'

2011년에 밀어닥친 쓰나미는 이와테현의 한 마을에 있는 경고석 앞 100미터에서 멈췄다고 한다. 1896년, 그러니까 115년 전에 일어난 것과 비슷한 규모의 쓰나미였던 것이다. 물론 일본은 크고 작은 쓰나미를 종종 겪는다. 1896년과 2011년 사이에만 15차례의 쓰나미가 있었다. 그러니 115년 동안 잊고 있었던 것도 아니다. 즉, 선조들은 먼 후손을 위해 뼈아픈 기억을 살려 큰 돌을 세우고 글자를 새기며 정성껏 충고했고, 잊을 만하면 발생하는 쓰나미로 충분히 긴장했으니 2011년에는 1896년보다는 준비가 되어 있었을 것으로 생각할 수 있다. 하지만 희생자의 숫자는 거의 다르지 않다. 1896

년에 1만 8천여 명이 목숨을 잃었는데, 2011년에는 1만 5천여 명이 목숨을 잃었다.

트럭도 크레인도 없던 100년 전, 가족과 재산을 잃은 사람들이 오로지 후손을 생각하면서 물이 차오른 지점까지 큰 돌을 가져와 일일이 글자를 새기면서 정성을 다해 메시지를 남겼지만, 사람들은 듣지 않았던 것이다. 일부 작은 마을에서나 경고석 아래로 집을 짓지 않았을 뿐, 제2차 세계대전 후 일본에는 해안선을 따라 마을이 많이 생겨났다.

이게 사회의 기억력이다. 기록이 존재하는 것과 사회가 기억하는 것은 전혀 다른 일이다. 언젠가, 그러나 재난이 반드시 닥쳐올 것을 안다고 해서 사회가 반드시 그에 대비해 자원을 사용해 가며 대비하는 것은 아니다. 불과 몇 년 전까지도 의학자들은 '팬데믹은 반드시 온다'며 전 세계가 대비해야 한다고 경고했다. 빌 게이츠는 2015년 테드 토크에 나와 바이러스로 인한 팬데믹이 올 것이라면서, 인류 사회가 이 팬데믹이 끼칠 막대한 피해에 대비되어 있지 않다고 대책을 촉구했고, 많은 사람이 그 영상을 봤다. 그러나 아무도 대비하지 않았다. 위험을 아는 것과 그에 대비할 만큼 과거의 일을 생생하게 '기억'하는 것은 다른데, 가장 마지막에 일어난 팬데믹을 사회가 '기억'하기에 1918년은 너무나 먼 옛날이다.

사회는 얼마나 기억을 오래 유지할 수 있을까? 아는 것과 그걸 행동에 옮길 만큼 기억하는 것은 다르다. 빌 게이츠가 테드 토크에서 팬데믹을 경고한 그해, 한국에서는 메르스 사태가 터졌다. 당시 한국은 전혀 준비가 되어 있지 않았고, 피해를 봤으며, 반성의 기회가 되었다. 2020년 코로나19

팬데믹에서 한국과 미국의 대응이 달랐다면, 한쪽은 5년 전에 '경고'를 받았고, 다른 쪽은 그냥 피해를 당했다는 것이다.

하지만 2120년에 다시 팬데믹이 닥쳤을 때 우리 후손은 과연 준비가 되어 있을까? 훨씬 더 많고 생생한 기록이 남겠지만, 그걸로 우리 후손이 긴장을 늦추지 않고 대비할 거라 장담하기는 힘들다. 2011년의 일본이 1896년의 피해를 몰라서 당한 것은 아니고, 2020년의 세계가 1918년의 스페인 독감 사례를 몰라서 같은 일을 반복하는 것이 아니기 때문이다. 역사가 반복되는 이유는 기록이 없어서가 아니다.

명왕성의 궤도를 돌고 있는 내 생각실험 속 인류는 매 세대가 무서운 계절 변화를 전혀 준비되지 않은 상태로 겪고 있을 것이다. 현실 속 인류라고 특별히 사정이 나은 것도 아니라는 게 비극이다. 인류는 기억력 100년의 장벽을 여전히 넘지 못하고 있다.

# 3월

MARCH
APRIL

✳

# 4월

## 비접촉 사회

미국 민주당의 경선 분위기가 고조되고 있다. 하지만 오바마 시절에 부통령이었던 조 바이든은 경선에서 맥을 못 추고 있다. 원래 토론에 소질이 있는 정치인이 아닌 데다, 경쟁자들은 발군의 말솜씨로 민주당원의 마음을 사로잡았고, 바이든은 초반 주요 경선 주에서 계속 패하면서 더 이상 가망이 없다는 이야기도 나오고 있다. 그런 그가 믿고 있는 주가 사우스캐롤라이나다. 이곳에서 흑인 유권자들의 분명한 지지를 확인하면 상황을 반전시킬 수 있다고 믿는 것이다.

미국에서 흑인이 많은 남부 주인 사우스캐롤라이나는 민주당 경선의 향배를 가늠할 수 있는 흑인 유권자의 생각을 보여 주는 첫 번째 예비선거라는 데 의미가 있다. 그런데 이 주의 흑인 유권자들은 부통령 조 바이든을 확고하게 지지하는 것으로 유명하다. 바이든의 오바마의 러닝 메이트로 부통령을 지냈고, 트럼프를 상대로 경쟁력이 가장 높다는 사실, 그리고 이들이 인종 집단으로는 트럼프를 가장 싫어한다는 것이 그 이유로 알려져 있다.

하지만 그건 어디까지나 숲을 보여 주는 설명이다. 논리적으로 이해할 수 있게 도와주지만, 그들의 목소리가 빠져 있고, 그들의 삶의 환경이 보이지 않고, 그래서 흑인 유권자를 스토리를 가진 사람이 아니라, 모두 동일한 사람들로 만들어 버린다. 뉴욕타임스 팟캐스트에서 이들을 찾아 가서 직접 이야기를 들었다. 조 바이든을 좋아하는 이유, 샌더스에 끌리지만 지지하지 못하는 이유를 듣고 있으면 그들이 다면체로 보이고, 통계 숫자에서 빠져나와서 살아 숨 쉬고 고민하는 사람이 된다.

팟캐스트 초입에 한 흑인 노인이 자신의 어린 시절 이야기를 들려주는 대목이 나오는데, 그 짧은 이야기 하나로 미국 흑인들의 삶이 눈앞에 펼쳐지는 듯했다.

그 노인은 대략 내 부모님 또래인 1944년 생이다. 태어나서 평생 사우스캐롤라이나에서만 살았다. 그가 학교에 다니며 자라던 시절은 1950년대에서 1960년대 초, 미국이 2차 대전에 승리하고 세계경제를 장악하면서 가장 잘나가던 시절이다. 그런데 그는 학교까지 5마일, 즉 8킬로미터를 걸어 다녔다고 한다. 그것도 비가 오면 진흙탕이 되는 비포장도로를.

이 노인은 셋째였는데, 바로 위에 형이 하나 있었다. 그런데 그 형이 두 살 때 몹시 아팠다고 한다. 아버지는 어린아이를 병원에 데리고 가기 위해 길을 나섰는데, 그 병원은 학교보다 두 배 멀리 떨어진 곳에 있었다. 10마일(16km) 떨어진 곳에 있는 병원으로 아이를 품에 안고 걸어가는데, 병원에 도착하기 전에 아이가 숨을 쉬지 않았다. 도착하기 전에 죽은 것이다. 그래서 아버지는 다시 왔던 길을 고스란히 되돌아, 이제는 죽은 아이를 안고 집으로 걸어왔다고 한다.

"아버지는 평생을 그때 일에서 벗어나지 못한 것 같아요."

어느 부모가 벗어날 수 있겠는가. 초강대국으로 올라선 부자나라 미국에서 왜 아이들이 진흙탕 길을 걸어야 하고, 근처에 병원도 없고, 버스도 없어서 부모가 죽어 가는 아이를 안고 걸어 다녀야 했을까. 그들은 의미 있는 유권자가 아니었기 때문이다. 흑인은 교육을 제대로 받지 못했고, 그들의 투표는 조직적으로 방해받았으며, 그렇기 때문에 그들이 사는 곳에는 기본 서비스조차 제공할 생각을 하지 않은 것이다.

"우리는 사람이 아니라 그냥 풍경 취급을 받았죠."

노예에서 해방된 지 100년이 다 되어 가도록 그랬다.

그 뒤로 사우스캐롤라이나의 흑인들은 민주당에서 반드시 당선될 후보를 찍어 왔다. 흑인 유권자들이 단결해 압도적으로 될 만한 후보를 찍기 때문에 정치인들은 그들에게 잘 보여야 하고 그들의 요구를 들어주기로 약속해 왔다. 물론 이번 선거는 여느 때와 달리 변수가 많지만, 왜 그들이 그토록 단결된 힘을 보여 주는지 그 노인의 이야기만으로 쉽게 이해가 되었다.

저널리즘은 이런 맥락을 제공해야 한다. 그리고 그 맥락이 반드시 숲일 필요는 없다. 때로는 숲보다 나무 하나가 훨씬 더 생생한 맥락을 보여 준다. 어느 쪽을 선택하느냐는 기자의 판단이다. 하지만 정말로 궁금하고, 진짜로 알고 싶은 기자만이 그걸 해낼 수 있다. 독자는 그걸 금방 알아본다.

이 글을 쓰는 동안 조 바이든이 사우스캐롤라이나에서 압승을 거두었다는 뉴스가 나왔다. 흑인 유권자의 전폭적인 지지 때문이었다고 한다.

## ✸ 코로나 바이러스와 기도

언론에서 미국이 코로나19 대응에 실패할 것 같다고 우려하는 이유는 그 병 자체에 대한 준비 부족만이 아니라, 미국 사회의 아킬레스건 중 하나가 건강보험(의료보험)이기 때문이다. 그래서 건강보험은 이번 대선의 최대 이슈 중 하나이기도 하다.

대표적으로 등장하는 게 플로리다주에 사는 한 남성의 사례다. 이 남성은 중국에 다녀오자마자 감기 증상이 있었단다.

평소 같으면 감기약만 사 먹고 말았을 텐데 자신이 혹시 전파자가 될까 우려해서 코로나 바이러스에 감염됐는지 검사하러 병원에 갔다. 그런데 병원에서는 그걸 확인하려면 CT 스캔을 해야 한다고(돈벌이다) 했다. 그 남성은 자신이 가입한 의료보험의 커버 수준이 낮아서 독감인지 여부부터 검사하자고 했다. 그래서 값싼 피검사를 했고 독감이 아니어서 코로나19도 아닌 걸로 확인되었지만 대가는 혹독했다. 그의 보험은 그 정도 검사도 커버하지 못해서 진찰과 검사 비용으로 3,270달러, 우리 돈으로 약 400만 원이 나온 거다.

무슨 검사가 그렇게 비싸냐고 하겠지만, 그게 미국 의료보험이 하는 사기에 가까운 짓이다. 좋은 보험에 가입한 사람들은 자기 주머니에서 돈이 나가지 않으니 관심 없는 사이에 병원과 보험사 사이에서 흔한 검사 하나에도 지나친 값을 매긴 거다. 그래서 보험 없는 가난한 사람들은 병원에 가지 못한다. 감당을 못하니까. 미국 남부의 가난한 동네는 아프리카의 후진국을 보는 것 같다는 게 의료 봉사를 하는 의사들의 말이다. 이 상황에서 코로나19가 휩쓴다고 생각해 보라.
오바마는 이런 의료보험을 개혁하려고 소위 오바마 케어를 통과시켰다. 공화당의 반대로 힘이 빠진 너덜너덜한 법이었지만, 그래도 전보다 훨씬 개선된 법이었다. 오바마는 성에 차지 않아도 이걸 시작으로 계속 발전시키자고 설득했다. 그런데 트럼프가 그 법이 쓰레기라며 사실상 무효화하고 있는 중이다. 오바마 케어의 덕을 가장 많이 보는 가난한 사람들은 트럼프를 뽑고는 약속대로 더 좋은 보험을 만들어 줄 거라고 믿고 있다가 혜택이 사라지는 걸 보고 있다. 그래도 트럼프의 트윗이 시원하고 좋단다.
트럼프는 코로나19에도 다 죽는 건 아니라면서 "4월이 되면

기적처럼 사라질 거라는 말도 있다"라고 하고는 "기도로 병을 물리치자"는 말로 유명한 펜스에게 대책위원장직을 맡겼다.

# 위기가 만들어 내는 기회

2020 MAR 3

중국과 미국의 테크 산업, 특히 프라이버시를 다루는 모습을 보면 두 나라의 차이점이 명징하게 드러난다. 중국의 경우 정부가 내놓고 안면 인식 정보를 수집하고, 그것을 공공연하게 활용하는 데 아무런 제약을 받지 않는다. '국가는 국민을 위해 일한다'는 인식이 강한 동아시아 국가답게 국민은 그 정도의 프라이버시는 국가가 제대로 기능하기 위한 작은 대가라고 생각한다.

미국에서는 올해 초부터 클리어뷰 AI라는 스타트업이 큰 문제가 되고 있다. 사람들의 얼굴 정보를 수집해 경찰서에 용의자 얼굴 확인 서비스를 앱으로 제공하는데, 성능이 너무 좋아 경찰서에서는 사용하지 않을 수 없다고 할 정도다. 문제는 미국에서는 정부가 나서서 이런 수집을 하면 큰 반대에 부딪힌다는 데 있다. 미국 독립 과정의 특수한 역사 때문에 '국가는 국민에 간섭하는 일을 최소화해야 한다'는 인식이 강하기 때문이다. 그래서 미국에서 정부가 못하는 일은 기업이 한다. 이것이 동아시아 사람들이 미국인들을 이해하지 못하고, 미국인들이 동아시아 문화를 이해하기 힘들어하는 생각 차이이다.

한국의 경우 정부가 해야 한다고 하면 큰 반대가 없다. 감염병에 걸렸다고 휴대폰에 있는 정보를 제공하는 법이 국회를 그렇게 쉽게 통과하는 것은 미국에서는 상상도 할 수 없는 일이다. 어느 쪽이 더 나은지 당장은 쉽게 말하기 힘들다.

미국 의회가 패닉 상태에서 위험한 법을 통과시킨 사례가 없는 건 아니다. 가령 9.11 직후에 그런 일이 있었고, 이라크를 침공하기로 결정한 것도 이런 국가적 위기의식에서 일어난 일이다. 미 상원에서 이라크 침공을 유일하게 반대했던 오바마도 훗날 대통령이 되어 대규모 경제 위기를 극복하는 과정에서 대대적인 개혁을 하라는 요구를 받았다. 그의 초대 비서실장이던 람 이매뉴얼은 "심각한 위기를 낭비해서는 안 된다(You never want a serious crisis to go to waste)"라는 유명한 말을 남겼다. 위기는 과거에는 할 수 없었던 일을 할 수 있는 기회라는 뜻이다. 하지만 정작 오바마는 의회의 반대에 부딪혀 구조적인 개혁에 실패했다.

## 가짜 뉴스

2020 MAR 4

가짜 뉴스를 믿기로 한 사람의 생각을 바꿀 방법은 사실상 존재하지 않는다. 한국 정부의 코로나19 방역이 실패했다고 믿고 싶어 하는 사람들이 있는 한, 그들의 믿음을 증명해 줄 가짜 뉴스는 반드시 생성된다. 수요에 따라 '팩트'가 생산되는 것이 21세기의 정보 환경이다. 게다가 정부와 공무원, 의료진이 마스크 때문에 얼굴이 까질 만큼 최선을 다하고 있어도 이번 사태는 지구상의 어느 나라도 충분한 대응을 할 수 없는 규모다. 따라서 어디에서나 환자가 불만을 터뜨릴 일은 반드시 생긴다. 그들이 정부와 의료진을 비난하면 그들의 말은 팩트인지 가짜 뉴스인지 가리기 힘든 영역으로 들어간다. 적어도 그들은 그걸 사실이라고 믿기 때문이다.

그런데 이번 바이러스에 준비가 전혀 안 된 미국에서 접하는 미디어를 전달하자면, 방탄소년단(BTS)과 영화 〈기생충〉에 이어 세 번째 한국 바람이 불고 있는 수준이다. 중국에 이어 두 번째로 많은 확진자가 나왔다는 사실 때문이기도 하지만, 현재 대응을 가장 잘하고 있는 나라로 항상 등장한다. 일본이 대응에 실패했다는 사실을 전달할 때도 한국의 예를 들어 비교하고, 미국이 준비가 안 되어 있다는 얘기를 할 때도 한국이 언급된다. 전문가들이 나와서 이야기할 때 반드시 한국의 대응을 이야기하고, 그 나라에 확진자가 많은 것도 진단 시약을 신속하게 보급했기 때문일 거라고 이야기하며, 미국이 그렇게 못하는 이유를 설명한다. 대중매체나 온라인에서 한국의 드라이브 스루 검사 시설을 보도하면서 미국에서는 흉내 낼 수 없는 효율적인 방법이라고 감탄한다.

미국인들이 외국의 재난 대응에 이 정도로 감탄한 건 2011년 쓰나미 때 일본인들의 침착한 대응을 본 이후 처음인 듯하다. 나는 '국뽕'을 정말 싫어하지만, 사실은 사실이다.
미국 언론만 보면 코로나19로 한국은 선진국으로 각인된 느낌이다. BTS, 〈기생충〉은 쇼 비즈니스의 성공이지만, 이 정도 규모의 방역 작업은 정부를 비롯한 사회 시스템의 역량이기 때문이다. 물론 이렇게 말해도 믿기 싫은 사람은 안 믿을 거니까 결국 믿을 의사가 있는 사람들 사이에서나 하는 얘기.

## 무지도 일종의 바이러스

2020 MAR 5

주가가 폭락하면 재선하기 힘들다고 생각한 트럼프가 코로나19에 관련해 (과학적 근거 없는 희망을 담은) 가짜 뉴스까지 퍼뜨려도 효과가 없다가, 경쟁자 바이든이 슈퍼 화요일에 샌더스를 눌렀다는 소식에 주가가 일제히 상승했다. 이 시점까지 WHO는 코로나19 감염병을 팬데믹으로 선언하지 않고 있다.

국가가 팬데믹으로 진행 중인 전염병을 '원천 봉쇄'하지 못했다고 비판하는 사람들은 '평평한 지구설'을 믿는 사람이나 백신 반대론자와 마찬가지로 과학자들의 설명에 강한 불신을 갖고 있다. 세 그룹 모두 무지도 이 정도면 종교적 믿음에 가깝다. 정보가 없어서 모르는 게 아니라, 널리 퍼진 상식적인 내용을 '모르기로 정하고' 반대 증거를 찾는 것은 적극적인 행동이며, 이는 선험적 믿음이 뒷받침되어야 가능한 일이다.

당연한 상식 수준의 얘기를 친정부적인 발언이라는 오해를 무릅쓰고 하는 이유는, 무지한 사람들의 목소리가 우습다고 그냥 내버려 두면 큰일 난다는 걸 지금의 미국을 보면서 배웠기 때문이다. 이것도 일종의 바이러스다. 코로나19는 우리 사회에 숨은 편견과 무지를 찾아내는 진단 키트인 셈이다.

# 최악의 해

2020 MAR 7

텍사스 오스틴에서 매년 봄에 열리는 사우스 바이 사우스웨스트(SXSW)가 행사를 취소했다. 올해는 정말 많은 업계에 최악의 해가 될 것 같다.
그런가 하면, 한 전염병 학자가 인터뷰에서 이런 말을 했다.
"신종 전염병이 퍼지면 '이 바이러스는 정부에서 비밀리에 (연구하다가 실수로) 퍼뜨린 바이러스'라는 가짜 뉴스가 반드시 퍼진다. 어떤 전염병도 예외가 없다."

1995년에 개봉한 〈아웃브레이크〉라는 영화는 세계를 혼란에 빠뜨린 바이러스가 사실 정부와 군이 몰래 감추려 했던 생화학 무기라는 플롯을 가지고 있다. 넷플릭스는 코로나19가 미국에 퍼지는 시점에 맞춰서 이 영화를 올려놨다. 이 회사 마케팅은 너무 공격적이다. 이걸 본 사람들이 또 얼마나 패닉에 빠지고 가짜 뉴스가 생산될지 생각하지 않는 것 같다…라고 쓰려는데 생각해 보니 나도 얼마 전에 이 영화가 넷플릭스에 있는지 검색했다.
나 같은 사람이 자꾸 검색을 하니 넷플릭스에서 사다 올려놓은 게 아닐까.

# 데이터가 아까워

2020 MAR 8

딸아이와 쇼핑몰을 걷는 중에 내가 페이스북을 체크하는 걸 아이가 봤다.

딸 와… 아빠는 아까운 데이터를 페북하는 데 쓰는구나(You're using precious data just scrolling Facebook? Wow)?

나 팔로어가 얼마나 늘었는지 확인해야 하니까(But I need to check the growing number of new followers)!

딸 자존감을 얻는 다른 방법을 찾아야 할 거 같아, 아빠(You need different sources of self esteem).

# 록다운

2020 MAR 9

이탈리아가 나라 전체를 록다운(lockdown)하기로 했다. 이게 가능한 건가 싶은 일들이 일어난다. 팬데믹 상황이 모든 나라가 같은 문제에 부딪혔을 때 대응 능력을 확인하는 일종의 사회 시스템 올림픽이 되는 느낌이다.

그 와중에 코로나19로 경제활동이 줄어들면서 국제 원유가가 하락하고 있다. 한국에 머무를 때는 운전을 하지 않아서 잘 몰랐지만, 운전을 하지 않으면 살기 힘든 미국에서는 기름값의 변동을 쉽게 체감할 수 있다. 기름값은 자주 오르내리고, 이유가 분명한 편이다. 그런데 요즘 기름값이 떨어지는 건 당장은 반가운 소식이지만, 여러 전문가가 경기가 나빠지고 있다는 징후로 해석한다.

원유 가격이 하락하면 대개 석유수출기구(OPEC)가 개입해 생산량을 줄인다. 그리고 OPEC의 만형('만형'이라는 비유는 형제 세습이 일반적인 중동에 적절하다)인 사우디아라비아가 주도해서 결정한다. 하지만 OPEC이 전부는 아니다. 원유 생산량 1위는 사우디아라비아지만 2위는 미국, 3위는 러시아, 4위는 중국이다. 이 세 나라는 OPEC의 일원이 아니다. 그런데 원유 가격을 유지하기 위해 생산량을 줄이자는 사우디아라비아의 제안을 러시아가 거부했다고 한다.

그러자 사우디아라비아는 "그럼 우리가 생산량을 늘려 버리겠다"고 했단다. 사우디아라비아는 원유 생산량만 많은 게 아니라 단위 생산 비용이 다른 나라와 비교도 안 되게 싸다. 그런 국가가 생산량을 늘리면 각 국가 석유 회사의 채산성이 뚝 떨어진다. '너희가 말을 안 들으면 너희 비즈니스를 말려 버리겠다'는 결정이다. 사우디아라비아는 버틸 여력이 있지만, 러시아는 사정이 다르다.

배럴당 20달러까지 떨어질 수 있다는 보도가 나오고, 생산비가 높은 캐나다, 미국의 석유 회사는 덩달아 죽을 맛인 거다. 오늘 1갤런(3.8리터)에 2.19달러였는데, 다시 역사적인 1달러대로 떨어질 것 같다. 두 깡패 국가가 싸우는 바람에 나 같은 소비자가 잠시 이득을 즐기는 중.

## ✸ 난 아직 아무 말도 안 했어

밤 10시가 넘어 식탁 쪽에서 소리가 나서 나가 보니 딸아이가 라면을 먹으려는 중이었다. 나랑 눈이 마주치자

딸 죄책감 주지 마(Don't judge me).

## 다시 예전으로 돌아갈 수 없다

2020 MAR 11

WHO가 결국 코로나19를 팬데믹으로 규정지었다. 1월부터 세계 곳곳에 퍼지면서 사태의 심각성은 이미 알고 있었으니, 그저 알고 있던 사실을 확인해 준 느낌 정도다.

전 세계가 같은 일을 겪는 건, 특히 전쟁과 질병처럼 부정적인 일을 함께 겪는 건 아주 강렬한 경험이다. 그리고 긍정적 경험보다 부정적 경험은 사람들의 사고방식과 행동방식을 바꿔 놓을 가능성이 크다.

어린 시절에 1930년대 대공황을 겪은 사람들이 풍요로운 시대를 살면서도 쓸모없는 물건을 버리지 않는 호더(hoarder) 비슷한 행동을 한다는 얘기도 있고, 밀레니얼 세대가 자신의 (재정적) 미래를 바라보는 방식은 2007~2008년의 경기 침체와 공황으로 부모가 직장을 잃고, 집을 잃는 걸 봤기 때문이라고도 한다. 21세기 최초의 팬데믹이 될지 모른다는 코로나19도 그렇게 많은 걸 바꿔 놓을 게 분명하다.

하지만 부정적 경험이 반드시 부정적 전망만 심어 주는 건 아니다. 한 의사는 이번 전염병을 통해 앞으로 병원 시스템이 많이 바뀔 거라고 예상하는데, 어쩌면 그 변화는 병원에 국한되지 않을 수도 있다.

트위터의 인사 담당 부서장은 "다시는 과거의 세상으로 돌아가지 못할 것(We'll never probably be the same)"이라며, "원격근무를 싫어했던 직원이나, 원격근무로 팀 운영이 가능할 거라고 믿지 않던 관리자의 생각이 바뀔 것이다. 나는 우리가 (코로나19) 이전으로 돌아가지 않을 거라고 생각한다"라고 말했다.

하필 이번 바이러스가 미국에서 최초로 터진 곳이 시애틀이

어서 그곳과 그 남쪽에 위치한 실리콘밸리의 기업들이 미국의 다른 어떤 기업보다도 재빨리 원격/재택근무에 들어갔다. 물론 그럴 수 있었던 것은 테크 기업이 1) 그렇게 할 수 있는 자원을 가장 잘 갖추고 있고 2) 이미 많은 직원이 원격근무를 하고 있어 경험이 쌓였기 때문이다.
하지만 원격근무를 '필요에 따라' 하거나 '장려'하는 기업과 그것이 디폴트인 기업은 다르다. 코로나19로 바뀔 변화는 바로 그 지점일 수 있다.

## ✸ 팩트 폭격

앙겔라 메르켈 독일 총리가 "독일 인구의 70%가 코로나19에 걸릴 것"이라고 말했다. 잘 막아 내겠다, 응원해 달라는 게 아니라 그냥 무자비한 팩트를 있는 그대로 전달하는 태도는 왠지 독일스러운 데가 있다. 나치가 독일인에게 익숙한 '엄한 부모 역할'을 했다는 얘기를 읽은 적이 있는데 잘은 모르겠지만 확실히 독일인은 슈거 코팅(sugar coating, 당의정)과는 거리가 좀 있는 듯.
생각해 보니 애틀랜타의 코카콜라 박물관에서 마셔 본 세계 각국의 콜라 중 독일에서 파는 코카콜라의 당도가 제일 낮기는 했다.

# 입출국 금지

2020 MAR 12

트럼프가 한 달 동안 전 유럽 국가 국민의 미국 입국을 금지하고, 미국인의 유럽 출국도 금지했다. 그런데 정작 영국은 예외로 두었다. 영어를 사용하면 바이러스가 안 퍼진다는 건가. 참 일관성 없다.

## 인생은 알 수 없는 것

2020 MAR 13

한국에 있을 때 정부 각 부처에서 디지털 콘텐츠 전략을 강의할 일이 제법 있었는데, 부처마다 분위기가 조금씩 다른 게 재미있었다. 특히 강의를 마치고 나오면 작아도 뭔가 선물을 챙겨 주려는 곳들이 있었다. 정부 부처의 강의료가 짜다는 게 미안해서 남은 기념품 하나라도 챙겨 주려고 하는 것이었다.
그중 하나가 조달청이다. 그런데 알다시피 조달청은 정부에서 사용하는 물건을 '조달'하는 곳이기 때문에 별의별 물건을 다 다룬다. 그야말로 '볼펜에서 탱크까지'다. 작년 봄엔가는 조달청에서 두툼한 박스 하나를 받았다. 집에 와서 뜯어 보니 박스 안에 KF94 마스크 수십 개가 촘촘하게 들어 있었다. 당시에도 마스크 하나를 사려면 1천 원 이상은 줘야 했기 때문에 좋은 선물이었지만, 이미 봄이 되었고, 나는 (미세먼지 없는) 미국으로 올 짐을 싸고 있었기 때문에 필요하지 않은 물건이었다. 그래서 부모님이 계신 집에 두고 왔는데….
미국에서 마스크가 필요하게 될 줄은, 그런데 구할 수 없을 줄은 몰랐다. 인생, 참 알 수 없는 거다. 그래도 부모님이 잘 쓰고 계신다니 다행.

## 하필 이럴 때

이탈리아의 의료 시스템이 코로나19 환자를 수용하지 못하고 무너지고 있다고 한다. 폐렴으로 발전한 환자를 집으로 돌려보내고, 나이가 많은 환자는 치료를 포기하고 놔 두고 있단다. 한 간호사가 지쳐서 책상에 쓰러져 자는 모습을 찍은 사진이 현재 이탈리아의 상황을 보여 주고 있다.
미국에서는 '지금의 이탈리아가 정확하게 2주 후의 미국 모습'이라고 경고하는데, 도대체 피해 규모가 얼마나 될지 감을 잡지 못하겠다. 아이들 학교는 휴교하거나 온라인 수업으로 전환되고 모든 대회는 취소되고 있지만, 앞으로 어떤 상황이 벌어질지 전혀 알 수 없다. 그런데 나는 하필 이럴 때 저녁 식사를 하다가 제대로 체하는 바람에 오한이 나고 열이 오른다.

지금 와서 돌이켜 보면 이때 내가 코로나19에 걸린 게 아닌가 하는 의심도 든다. 체한 증상이 사라진 후 몸이 약해지는 바람에 감기에 걸렸는데, 고열이 났다. 10년 넘게 한 번도 감기에 걸리지 않았는데, 아들아이와 함께 계속 해열제를 먹으며 버텼다. 하지만 고열 외에는 다른 증상이 없었고, 한집에 있던 아내와 딸은 아무런 증상이 없었다. 코로나19가 아니었을 거라고 생각하지만, 이미 백신을 접종했으니 항체 검사로도 확인할 수 없는 미스터리로 남았다.

## ✸ 인류의 본성

이탈리아 시에나에서 코로나19로 집 밖으로 나오지 못하는 사람들이 이웃 사람들과 함께 노래를 하는 장면이 인터넷에서 화제다. 중국 우한에서도 비슷한 일이 있었던 걸로 아는데, 이탈리아 사람들은 기본적으로 노래를 잘한다는 말이 맞는 것 같다.
그런데 이런 풍경 속에서 노래를 들으니 20세기 초로 돌아간

듯한 느낌이 든다. 물론 유튜브로 보는 장면이지만, 세계인이 같은 위험에 빠지자 공동체 의식을 느끼는 중. 이익 앞에서는 싸우고, 공동의 위기 앞에서는 뭉치는 게 인류의 본성인 건가.

## 국가 재난 사태

2020 MAR 14

금요일 오후에 트럼프가 국가 재난 사태를 선포했는데, 눈에 띄는 장면이 두 가지 있었다. 하나는 이미 많이 늦은 검사를 빠른 속도로 진행하겠다는 것이다. 그러면서 "한국에서 시행한 검사에 따르면"이라고 언급했다. 게다가 이번에 발표한 검사 방법이 드라이브 스루 검사다. 한국의 코로나19 대책이 이제 미국에서 따라야 할 표준으로 인식되고 있다. 그런데 함께 발표한 대책에서 구글, 월마트, CVS, 제약회사들과 함께하겠다면서 각 기업 대표자를 일일이 소개하는 기괴한 장면이 펼쳐졌다. 미국인들의 반응. "이건 중간 광고야?"

## 대체 왜…?

월마트에 들렀다. 전쟁터 같은 분위기였다. 그런데 왜 꼭 화장지를 제일 먼저, 그것도 왕창 사 가는지 이해가 안 된다. 감기약과 스파게티 섹션이 텅 비는 건 이해가 되지만, 화장지는 대체 왜?

결국 사야 할 것들은 사지 못했다.

# 암울하게도

미국에서 코로나19 확진자나 사망자가 나오면 누구나 제일 먼저 관심을 보이는 것이 어떤 인종, 혹은 문화권 사람이냐는 거다. 하지만 신기할 정도로 언론에서 언급을 안 한다. 퍼지려면 퍼지겠지만, 적어도 일상적으로 접하는 소식에서는 성별과 나이 정도 외에는 아무 정보가 없다. 이번에 뉴욕주의 한 타운에서 크게 확산된 사례가 있었는데, 한 사람을 매개로 강 건너 뉴저지 타운으로 옮겨 갔다고 한다. 그런데 두 타운 모두 특정 문화권 사람이 많은 것으로 알려져 그들의 모임을 통해 확산되었을 수 있다고 짐작되기는 하지만, 절대로 정보를 알 수 없다. 미국 언론이 잘하고 있는 점이 바로 이런 것이다.

한국이나 미국이나 코로나19에 '차이나', '우한'을 붙여서 부르기 좋아하는 사람은 나이 든 사람들이다. 생각해 보면 그들은 인류가 결국 하나라는 생각을 덜 하고 있고, 문화적으로 공통된 요소를 가장 적게 가진 사람들이다. 그러니 이런 문제가 생기면 쉽게 부족주의(tribalism)로 돌아가 경계의 장벽을 세운다. 이들이 젊은 시절에 살았던 세상을 생각하면 개개인은 몰라도 이 세대 전체의 생각을 바꾸는 건 불가능하지 싶다.

# 오늘 저녁은 스파게티

2020 MAR 16

코로나19로 집에 머무는 시간이 길어지면서, 매 끼니를 준비하는 게 일이다. 며칠 전 마트에 갔을 때 텅 빈 스파게티 섹션을 보면서 팬데믹을 체감했다.
미국에서 스파게티 면은 바릴라(Barilla)라는 브랜드가 사실상 장악하고 있다. 다른 브랜드 제품을 굳이 가져다 놓을 필요도 없이 싸고 품질이 보장되니까. 그냥 쌀 같은 느낌이다(딱딱해서 오래 끓여야 한다는 것도 비슷하다). 그런데 스파게티 코너가 텅텅 빈 걸 보고서야 다른 브랜드가 없나 살펴보니 히스패닉 식재료 쪽에 다른 브랜드 제품이 있었다. 라페(La Fe). 칠레에서 제조했다. 포장이 얇아 부러진 면도 보이지만, 이거라도 어디냐 싶어서 몇 개 넣었다.
스파게티는 정말 단순한 음식이다. 면을 9분 동안 알덴테로 익혀 토마토소스를 부으면 한 끼 식사가 된다. 토마토소스 역시 만드는 걸 보면 그렇게 단순할 수 없다. 이탈리아에서는 마치 우리가 김장 담그듯 토마토소스를 만들어 병에 담아 두는데, 그 과정이 너무 심플해서 거기에 비하면 김장은 고난도의 종합예술이다. 면도 소스도 단순한 게 매력이 아닐까 싶은데, 거기에 비하면 라면은 과학이다. 아주 오래 저장할 수도 있다.
물론 식당에서 파는 것 같은 화려하고 다양한 스파게티를 만들려면 단순하지 않지만, 스파게티라는 게 원래 가난한 이탈리아 사람들의 음식이어서 면, 소스에 미트볼만 넣으면 성찬이던, 그런 음식이다. 그나마 미국으로 건너온 이민자나 미트볼을 먹었다고 한다.
우리 아이들은 미트볼을 싫어한다. 짜고 맛없단다. 배부른 세대라 그런 건지, 학교 급식에서 먹던 음식이라 싫어서인지는 잘 모르겠다. 다른 거 넣지 말고 면에 소스만 부으란다. 소스는 면과 달리 네댓 개의 브랜드가 경쟁하는데 다 먹을 만하다.

〈그랑블루〉라는 1980년대 영화가 있는데, 내 기억이 맞다면 주인공이 이탈리아 시골집에서 스파게티를 먹는 장면이 나온다. 아주머니들이 부엌에서 거대한 솥에 반죽을 해서 직접 뽑은 면을 끓는 물에 넣고 익혀 건지자마자 손으로 한 움큼 쥐어서 입에 넣어 준다. "진짜 스파게티는 뜨거울 때 면만 먹는 게 제일 맛있다"면서. 김장 담그는 어머니들이 굴과 양념을 배추에 말아서 주는 것과 너무나 비슷해서 놀란 기억이 있다. 스파게티가 가난한 사람들의 음식이라는 것도 그 장면에서 이해가 되었다. 지금은 서양 음식 하면 프랑스와 이탈리아를 떠올리지만 둘이 어깨를 맞댄 건 20세기 중반을 넘어서 서서히 생겨난 현상이라고 들었다. 말하자면 자동차 하면 독일인데, 일본 차가 성장하면서 고급 시장을 넘보게 된 것처럼, 이탈리아 음식도 나중에 그 이미지를 만들어 낸 것이다. 가장 큰 이유는 이탈리아 요리가 프랑스와 달리 궁중 요리나 호텔식이 아니라 가정식의 소박한 메뉴였기 때문이란다. 19세기의 이탈리아는 몹시 가난했다.

스파게티 면은 절대로 양을 가늠하지 못한다는 말이 있다. 부족하거나 남지, 딱 맞는 법이 없다. 그래서 보통 1파운드 단위 포장에 담긴 것을 다 넣는다. 그럼 4인 기준으로 부족하지 않게 먹고 좀 남는다. 문제는 남은 면 처리인데, 그냥 랩을 씌워 두면 불어서 못 먹는다. 소스도 같이 남았다면 넣고 비벼 두고 랩을 씌워 놓으면 전자레인지에 데우기만 하면 돼서, 10대 아이들이 조용히 그릇을 비워 놓는다.

소스 없이 면만 보관하는 경우도 있다. 그에 대비하기 위해 면을 끓여 물을 따라 낸 직후에 뜨거울 때 바로 올리브유를 넣어 잘 비벼 놓으면 좋다. 그럼 식어도 서로 달라붙지 않는다. 스파게티 면을 끓일 때 소금을 넣는 사람이 있고 그냥 끓이는 사람이 있는데, 나는 소금을 넣는 걸 추천한다. 그 이유 중 하나가 뜨거운 면에 올리브유만 넣고 비빈 후 몇 가닥 집어서 먹는 맛 때문! 소금 간이 아주 살짝 된 뜨거운 알덴테 스파게티에 올리브유만 넣어 먹으면… 탄수화물 성애자의 천국문이 열린다.

## ✹ 야간 통행금지

2020 MAR 17

뉴저지주가 오늘부터 매일 저녁 8시부터 다음 날 아침 5시까지 통행금지령을 내렸다. 처벌하는 건 아니지만 '강력하게 권고'한다는 것이다. '통금은 그 옛날 한국에서처럼 사이렌을 울려 줘야 제맛인데…'라는 생각을 하다가 떠올려 보니 한국에서 1982년까지 계속된 야간 통행금지의 기원은 1945년 미군 사령관 맥아더의 명령이었다.
내 인생에 다시 또 통금을, 그것도 미국에서 겪을 줄이야….

그나저나 모두가 사회적 거리두기를 실천하는 바람에 내향적인 사람들은 요즘 천국에서 사는 기분이라고 한다.

## 인류는 중대한 실험 중

2020 MAR 20

트럼프가 받은 연설문 원고에서 '코로나 바이러스'를 '중국 바이러스'로 수정한 모습이 카메라에 잡혔다.
미국의 유명한 천체물리학자 닐 디그래스 타이슨이 이런 말을 했다. "인류는 중대한 실험을 하는 중이다. 실험 내용은 '사람들은 과연 과학자의 말에 귀를 기울일 것인가'다." 트럼프의 행동을 보면 '아니다'라는 결론으로 가고 있는 듯하다.
이제는 미국의 코로나 바이러스 대처가 '정부의 실패'라는 의견이 굳어지고 있다. 한국과 미국에서 같은 날 첫 확진자가 나왔는데, 미국의 총 검사 수는 한국의 1일 검사 수에도 미치지 못하고, 아직도 진단 시약 타령을 하는 건 정부의 실패이므로 조사해야 할 문제라는 말이 나온다.
상황이 상황인지라, 미국에서도 코로나 바이러스를 피하기 위한 손 씻기 영상이 많이 돌아다니는데, 한 영상에서 아주 귀에 쏙 들어오게 설명했다. "방금 부엌에서 할라페뇨를 칼로 썰었는데, 지금 당장 콘택트렌즈를 착용해야 한다고 생각하고 씻으면 됩니다."
결국 열심히 씻으라는 얘기지만, 한국에서는 공익광고 메시지를 전할 때 3을 선호하고, 미국은 2를 선호하는 듯하다. 한국에서는 30초 동안 손을 씻으라고 하고, 미국에서는 20초 동안 씻으라고 한다. 한국에서는 하루 세 번, 3분 동안 이를 닦으라고 하지만, 미국에서는 하루 두 번, 2분 동안 닦으라고 한다. 한국 사무실 책상에 대수롭지 않게 꽂혀 있는 칫솔을 낯설게 생각하는 외국인은 그렇게 '하루 두 번'으로 배운 사람들이다.

## 요일계가 필요해

2020 MAR 20

미국에서는 학교든 직장이든 모든 모임이 취소되어 가족 네 명이 아무 데도 가지 않고 집에만 모여 있은 지 일주일이 되어 간다. 이런 기회가 또 언제 있을까 싶고 나름 좋은 시간을 보내고 있는데, 음식을 사거나 하는 등 급한 일이 아니면 밖으로 나오지 말라는 말에 집에만 머물다 보니 어제가 오늘 같고 오늘이 어제같이 느껴지고 요일 감각도 사라졌다.

## 팬데믹이 만든 풍경

2020 MAR 21

오늘은 기록적으로 더운 날이었다. 반팔을 입지 않으면 100미터도 걷지 못하고 땀을 흘릴 정도로 기온이 올라갔는데, 습도까지 높아서 여름 느낌이 물씬 났다. 그래서인지 그동안 집에 갇혀 있던 사람들이 일제히 산책을 나왔다. 이 동네에 5년 넘게 살면서 한 번에 이렇게 많은 사람이 산책하는 걸 본 적이 없다.

약 50미터 앞에서 도로의 같은 쪽에서 우리를 향해 오는 사람이 있으면 피하기 위해 길 건너로 이동하는데, 저쪽에서도 똑같은 생각을 하고 같은 쪽으로 이동하다가 멀리서 서로 어색하게 웃으면서 도로 한쪽씩 나눠 갖기로 합의가 이뤄진다. 팬데믹이 만들어 낸 에티켓.

코로나19로 전 세계가 작동을 멈추고 사람들이 집에 틀어박혀 있자 베니스에 물고기들이 돌아오고 탄소 배출이 대폭 줄어들고 대기 상태가 눈에 띄게 좋아졌다고 한다. 결국 지구에는 인류가 바이러스였던 게 아닐까?

산책 후 저녁에 아들아이가 숙제로 읽어야 하는 글의 주장이 너무 황당하다고 투덜거렸다. 식물이 인간, 혹은 동물보다 더 우월한 존재임을 주장하는 저자의 글이었다. 상징적으로 맞는 말일 수도 있는데, 지독한 이공계인 아들아이에게는 억지스럽게 여겨질 수도 있다.

아들 게다가 저자의 성이 '올리브(Olive)'야. 이런 이름이라면 약간의 편견이 들어가지 않았을까? 하하(And the author's last name is Olive. Wouldn't he be a bit prejudiced? Hahaha)!

나 편견은 모르겠지만, 그 사람은 엑스트라 버진이었을 거 같은데(I don't know about the prejudice, but he must have been extra virgin).

아들이 웃다가 쓰러진다. 물론 우리 집에서 이런 농담은 아들하고만 가능하다.

## 나도 정말 궁금하다

2020 MAR 22

딸아이가 친구들에게서 들었다면서 내게 '엔스룸(Enthroom)'에 대해서 아느냐고 물었다. 처음에는 무슨 소린가 해서 스펠링이 어떻게 되냐고 했더니, "Letter N. Nth room." N번방.

한국에서는 그런 끔찍한 이미지를 돈 내고 본 사람들이 왜 바로 체포, 처벌이 안 되느냐고 묻는다. 방금 전 친구들과 그 일로 성토를 하다가, 그 얘기를 모르는 오빠에게 가서 또 20분 정도 울분을 토하다 내게 와 묻는 거였다.

나도 궁금하다. 대한민국 사회가 거대한 남성 카르텔이라고밖에는 도대체 설명이 안 된다. 똘똘 뭉쳐 성범죄자를 이해해 주고 보듬어 주는 구역질 나는 문화.

## '격리'를 의미하는 두 단어

2020 MAR 23

한국어로는 모두 '격리'로 번역되는 서로 다른 영어 단어가 있다. 'isolation'과 'quarantine'. 이 둘은 어떻게 다를까? 전자는 전염성이 있는 질환을 앓는 사람을 다른 사람들에게서 떼어 놓는 행위를 가리키고, 후자는 전염성이 있는 질환에 노출된 건강한 사람이 증상을 보이는지 확인할 때까지 다른 사람들에게서 떼어 놓는 행위를 가리킨다고 한다.

이제 이런 것까지 찾아본다.

# 필수 서비스

2020 MAR 24

팬데믹으로 모든 사람이 출근하지 않는 건 아니다. 모든 게 봉쇄되어도 일하러 나가야 하는 사람들이 있다. 소위 필수 서비스(essential services)로 규정된 업종에 종사하는 사람들이다.

국가별로 조금씩 다르겠지만, 대개 비슷할 것이다. 가령 군, 경찰, 의료 서비스, 전기, 수도, 항공 관제 같은 것이 대표적이고 금융, 언론, 통신, 우편 서비스도 포함된다.

재미있게도 아마존은 이번 사태를 계기로 스스로를 '필수 서비스'라고 규정했다. 그런데 뚜껑을 열어 보면 절대 웃을 일이 아니다. 이제 미국은 아마존 없이 돌아가지 않는다.

## 꿈의 성과

2020 MAR 25

톰 세구라는 내가 좋아하는 코미디언은 아니지만 그가 한 말에는 크게 동의한다.

> 꿈이 계획한 대로 정확히 이루어지지 않을 수 있다는 것을 받아들인다면, 당신은 여전히 꿈을 추구해서 이룰 수 있을 것이다(As long as you accept that your dream might not go exactly as you plan, you will still feel fulfilled by the pursuit of your dream).

인생을 돌아보면 꽤 많은 것을 이루었음을 알 수 있는데, 우리는 이루지 못한 것들을 보면서 꿈의 성과를 측정하는 버릇이 있다.

## 뉴욕 비상

2020 MAR 28

뉴욕타임스도 지적했지만 지금 뉴욕은 중국 우한, 이탈리아 롬바르디 지역보다 더 심각한 수준으로 코로나19 확산이 진행 중이라는 것이 정설이다. 비슷한 시점의 두 지역 상황보다 증가세가 더 가파르게 올라가기 때문이다.

뉴욕시에서 나간 사람들은 어디로 가든 14일 동안 자가격리를 하라고 권하고 있다. 중국은 아예 못 나가게 했지만 뉴욕은 그렇게 하지도, 한국처럼 하지도 못한다. 미국은 절벽을 향해 폭주하는 자동차 같다.

방금 운전을 해서 로드아일랜드주로 왔는데, 뉴욕 번호판을 단 차량은 무조건 휴게소에서 검문을 받아야 한다. 이를 어기고 진입하는 차량을 잡기 위해 경찰차가 여러 대 배치되어 있고, 휴게소에는 군용 차량까지 있다. 나는 뉴저지 주민이라 문제 없이 들어왔지만, 뉴저지 상황도 뉴욕시랑 별로 다를 게 없기 때문에 이런 조치는 그저 속도를 늦추는 정도에 불과하다. 물론 나는 여기에서 누구를 만나거나 할 예정이 아니라, 이곳 집에서 하루만 묵고 물건을 챙겨 갈 계획이지만, 누구 말대로 '모든 게 초현실적'이다.

## 현대인의 필수재

2020 MAR 29

모두 집에서 인터넷만 하는 바람에 넷플릭스의 화질이 떨어졌다. 팬데믹으로 사람들이 세상을 다르게 보기 시작했는데, 그중 하나가 인터넷의 필수적 가치다. 당장 미국은 10년마다 한 번 하는 센서스(census, 인구주택총조사)의 대부분을 인터넷에 의존해야 한다. 그렇다면 왜 인터넷이 전기, 수도, 우편 서비스처럼 되면 안 되느냐는 질문이 나와야 한다. 물론 이제까지 미국의 분위기로는 불가능해 보인다. 하지만 어느 주장처럼 팬데믹을 겪고 나서 다시 1930~1940년대처럼 대대적인 사회변혁의 물결을 탄다면 불가능한 것도 아니다. 인터넷은 이제 공공재/필수재로 승격할 때가 되었다.

# 추모

2020 MAR 31

뉴욕의 대표 랜드마크 엠파이어 스테이트 빌딩이 꼭대기 조명을 붉게 밝혔다. 뉴욕의 심각한 코로나 상황을 알리고, 사망한 사람들을 추모하는 의미가 담겨 있다.

많은 사람이 이 취지에 동의했지만, 항상 불평거리를 찾아내는 뉴요커들답게 "무섭다", "가뜩이나 불안한데 왜 빨간색을 썼느냐"며 투덜거리는 목소리도 나왔다.

뉴욕은 9.11 테러 때 외에는 한 목소리를 낸 적이 없는 도시다. 그게 이 도시의 매력이긴 하다.

## 사람이 떠난 거리에

2020 APR 1

단순히 내 느낌인지 모르겠지만 사람들이 대부분 집에만 머무른 지 몇 주가 지나면서 새소리도 더 크고 다양해진 것 같다. 게다가 어제는 산책 중 동네 공원을 지나다가 야생 칠면조까지 만났다. 캘리포니아에 살 때는 칠면조 무리를 집 앞에서 만나는 게 다람쥐, 사슴을 만나는 것만큼 흔한 일이었는데, 동부는 그 정도는 아니다. 아마 이 근처에도 숲에는 칠면조들이 살 텐데, 찻길에 자동차가 줄어들면서 얘들이 길을 건너 동네까지 진출하는 게 아닐까 하는 생각이 들었다.
여담이지만 칠면조는 특이하게도 한 마리가 소리를 내도 여러 마리가 동시에 내는 소리처럼 들린다.

팬데믹 기간 중 사람들의 이동과 경제활동이 줄어들면서 이산화탄소 배출량이 17% 줄었다고 한다. 하지만 이는 2008년 경제 위기 때도 나타난 일시적 현상으로, 인류가 처한 환경과 기후위기를 전혀 개선하지 못한다고 한다.

## 관료주의의 함정

2020 APR 3

항공모함 크기의 병원선이 뉴욕시에 도착했는데, 1천 개의 병상을 갖춘 이 배에 입원한 환자는 현재 세 명에 불과하다. 이유는? 군 프로토콜과 관료주의(red tape). 마치 (주민들이 신음하는데도 의약품 허가를 받지 않았다고 미군의 약품을 받지 않았다고 하는) 일본 사회를 보는 것 같다. 전례가 없는 위기 상황은 관료주의적 사회에 크립토나이트 같은 존재인 듯.

## 리더의 재발견

2020 APR 4

월스트리트 저널이 정은경 본부장을 다룬 기사를 냈다. 기사의 주제는 '위기 상황에 국민이 의지하는 리더는 정치 지도자가 아니라 그들 옆에 서 있는 전문가'라는 것. 영국도, 미국도 마찬가지(나는 문재인이 보리스 존슨, 도널드 트럼프와 달리 정은경 박사를 '옆에 데리고' 등장하지 않는다는 사실에 박수를 보낸다). 많은 사람이 그렇듯 나도 이번 팬데믹을 계기로 과학자와 전문가의 말을 신뢰하는 분위기가 전 세계에 확산되기를 바란다. 기후위기 부정, 백신 반대, 심지어 평평한 지구론 같은 게 확산되는 배경에는 과학자에 대한 신뢰를 정치, 종교 지도자가 앞장서서 무너뜨렸다는 사실이 있기 때문이다.

## 식료품 구하기 대모험

2020 APR 6

지금 뉴욕, 뉴저지는 최악의 시점을 통과하고 있다. 밖으로 나가는 일을 최소화하기 위해 2주일 분량의 식료품을 사 두었는데, 열흘이 채 되지 않아 신선한 건 거의 다 떨어지고 스파게티와 캔 음식만 남았다. 그런데 마침 미국에 사는 어느 페친이 트레이더 조(Trader Joe's)에 갔다는 얘기를 듣고 마음이 동했다. 특히 과자류의 간식이 떨어져 그 이름에 귀가 번쩍(트레이더 조에는 다른 식료품점에서 보기 힘든 특이한 음식과 간식거리가 많다).

그래서 토요일 오전, 정말 오랜만에 차를 몰고 갔는데, 그 사이에 뉴저지 주지사가 매장 사용 룰을 발표한 것 같았다. 일단 일정 수 이상의 손님이 들어갈 수 없다. 가령 30명이 '정원'이면, 그 정원이 다 들어간 후에는 나오는 숫자만큼 들어가는 식이다. 물론 줄은 매장 바깥 주차장을 둘러싸고 뱀 같이 길게 늘어서 있었다. 두 곳을 들렀는데 사정은 똑같았다.

저기에 서서 기다리느니 H마트(한인 그로서리)에 가야겠다 싶어서 멀리 운전해 갔더니 '매장을 소독한다'며 문이 닫혀 있었다. 좀 뜬금없었다. 이런 적이 없었는데…. 포기하고 근처 월마트로 갔는데, 거기도 매장 밖으로 줄이 길게 늘어서 있는데, 거리두기도 제대로 되는 것 같지 않고 더 엉망이었다. 미국에서 통제가 가장 안 되는 매장이 있다면 아마 월마트 아닐까. 아무래도 이건 아니다 싶어서 다시 차에 올라 탔다. 벌써 네 개의 매장을 들렀는데 아무것도 사지 못해 초조해졌다.

다시 그 근처 트레이더 조 매장을 찾아보기로 하고 이동했다. 오전에만 세 번째 트레이더 조 매장이었고, 이번에는 오래 기다려서라도 사야 했다. 역시 아주 긴 줄이 늘어서 있었다. 다행히 한국에서 보내온 마스크를 썼으니 망정이지, 우리만 무책임한 사람처럼 보일 뻔했다. 인종 불문하고 모든 사람이 마스크를 쓰고 있었다. 한 사람(혹은 커플)이 나와야 한 사람이 들어가는 규칙이니 속도가 정말 하세월이었다. 꼬박 한 시간을 기다려서 입장했더니 '모든 아이템은 두 개까지만 구매 가능. 총량은 일상적인 식료품 양을 넘을 수 없으니 이해 바란다'는 메시지가 크게 적혀 있었다.

그렇게 해서 식료품을 사서 트렁크에 넣고 보니 내 돈 내고 산 건데도 그렇게 고마울 수가 없었다(다른 얘기지만, 트레이더 조 점원들은 어디나 친절하고, 종류별로 종이봉투에 넣는 솜씨는 세계 최고 수준이다). 과거 소비에트연방 국가에서는 길을 가다 사람들이 줄을 서 있으면 뭔지 몰라도 일단 선 다음에 뭘 받는 줄이냐고 물었다고 하는데, 무슨 느낌인지 알 것 같다. 세상에 약간 사회주의적 요소를 적용하면 좋겠다는 생각마저 들었다. 조금만 더 참고, 조금만 더 남을 생각하면 훨씬 나은 세상이 될 것 같다.

줄을 서서 기다리는 동안 건물 위에서 새 한 마리가 떠나지 않고 노래를 했다. 저게 전부 한 마리가 내는 소리인지 의심스러울 만큼 다양한 소리를 냈다. 혹시나 해서 찾아보니 그 유명한 흉내지빠귀(〈앵무새 죽이기(To Kill a Mockingbird)〉로 번역된). 사람들이 움츠러드니 새들이 신난 듯, 줄을 선 사람들을 내려다보며 웃는 느낌이었다. 한 시간을 서 있는데 날아가지도 않고 놀려 댔다. 그래서 'mockingbird'인 건가…(mocking=비웃는, 조롱하는). 나중에는 조금 밉기까지 했다.

집에 돌아와 점심을 먹고 나서 페이스북을 보니 'H마트 매장의 점원이 자가격리 중 사망했다'는 소식이 올라왔다. 그래서 문을 닫은 거였다. 망치로 머리를 세게 맞은 것 같은 느낌이었다. 우리에게는 식료품을 사는 것인데, 하루 종일 무작위로 수백 명에게 노출되는, 그것도 바이러스가 크게 확산한 이 지역의 매장 직원들에게는 목숨을 건 작업인 것이다. 이제 우리 모두는 이런 필수 노동자에 대한 처우를 다시 생각해야 한다. 그분들이 목숨 걸고 일하기 때문에 우리가 밥을 먹는 거다.

목숨 걸고 일하는 노동자가 가난을 벗어나기 힘든 수준의 보상만을 받는다면, 세상은 비뚤어진 보상체계를 갖고 있는 것이다. 거대 자본가는 경제 영웅을 넘어 셀렙이 되고, 필수 노동자는 '누구나 할 수 있는' 일을 하기 때문에 최소한의 임금만 받는 게 당연하다고 인식해 왔다. 그러나 그 인식의 오류를 이번 기회에 전 세계가 확인했다.

## ✸ 줌 폭탄

2020 APR 7

모든 학교가 휴교, 혹은 온라인 수업으로 전환된 뉴욕시에서 어제 각급 학교가 줌 서비스를 이용하지 못하도록 하는 명령을 내렸다.
가장 편리한 화상회의 프로그램으로 통하는 줌은 이번 팬데믹으로 최고의 순간을 맞이하는가 싶더니 곧바로 최악의 경험을 하고 있다. 문제의 핵심에는 줌 폭탄(Zoombomb)이 있다.
사용 편의성과 보안성은 많은 경우 제로섬 게임과 같아서 보안성을 높이면 복잡한 절차가 생기고(한국의 온라인 뱅킹이 그 예다), 절차를 단순화하면 보안성이 떨어진다. 줌은 복잡한 가입 절차 없이 단순히 숫자 7~9개만 넣으면 누구나 화상회의를 할 수 있다. 그렇다면 보안성을 높이기는 쉽지 않다.
편리함으로 성공한 줌은 보안성 문제로 그 대가를 치르는 중이다. 인간이 만들어 낸 거의 모든 것이 그렇듯, 대가 없는 편리함은 없다.

## ✸ 요즘 상황

요즘 상황을 정확하게 표현하는 글을 읽었다.

> 수십 년 동안 아무 일도 일어나지 않기도 하지만, 수십 년간 일어날 일이 몇 주 사이에 일어나기도 한다(There are decades where nothing happens, and there are weeks where decades happen).

어떤 사람이길래 역사에 대한 이런 통찰력 있는 말을 했을까 했더니… 블라디미르 레닌이었다.

폭스뉴스는 트럼프의 말에 따라 코로나 바이러스는 민주당 사람들이 부풀린 위험이고 감기 이상은 아니라고 3월까지 주장해 왔다. 그러다가 트럼프가 말을 바꾸는 순간 같이 말을 바꿔 '우리는 항상 위험을 경고해 왔다'는 거짓말을 했다. 그런데 이미 너무나 많은 사람을 위험에 처하도록 가짜 정보를 퍼뜨렸으니 그들의 말을 믿다가 사망한 사람들의 가족이 소송을 걸 가능성이 내부에서 제기되었다고 한다. 그래서 취한 조치 중 하나로 코로나19가 트럼프를 탄핵하기 위한 사기라고 가장 열렬히 주장한 앵커를 슬그머니 내보냈다.

## 결국 문제는 프라이버시

2020 APR 9

10년 동안 교미를 하지 않아서 동물원 관계자들을 속상하게 했던 판다 커플이 코로나 바이러스로 사람들이 오지 않으니까 드디어…!

## 아시안 스탠더드

뉴욕에 퍼진 코로나 바이러스가 아시아가 아니라 유럽에서 왔다는 연구 결과가 나왔다. 그것도 두 개의 다른 연구가 같은 결론을 내렸다고 한다. 이런 게 과학의 힘이다. 뉴욕에서 바이러스가 퍼진 곳이 아시안의 커뮤니티가 아니었던 것도 결국 같은 이유 아닌가 싶다(이 책이 나온 2021년 여름까지도 코로나 바이러스의 정확한 근원지는 "밝혀지지 않았다"고 네이처는 말한다).
현재까지 뉴욕의 버스, 지하철 등 대중교통(MTA) 노동자 중 33명이 코로나19로 사망했다. 동아시아 국가만큼 대중교통에 많은 사람이 몰리는 도시가 아닌데도 이런 참사가 일어난 건 초기 대응의 실패라고밖에 할 수 없다.
동아시아에서 어떤 일이 일어나고, 어떻게 싸우고 있는지 본 서구 국가들이 대응을 제대로 하지 않고 허송세월을 하는 과정을 지켜보면서 묘한 인종주의, 그러니까 아시아 국가들이 하는 조치는 과도하다거나 그다지 효과적이지 않다는 평가절하가 초기에는 분명하게 느껴졌다.
이번 팬데믹이 통상적으로 낮게 보던 아시아의 기준(Asian

standard)에 대한 인식을 상당히, 혹은 일정 부분 수정하게 될 것 같다. 이미 그 변화가 일반인의 이야기 속에서 느껴지고 있기도 하고.

## 가까이서 보면 희극

2020 APR 10

집에만 있어야 하는 상황에 불가피하게 먼 곳을 여행할 일이 생겼다. 사람을 만나는 일이 아니기 때문에 큰 걱정은 하지 않지만, 고속도로 휴게소가 폐쇄되었고, 호텔은 문을 열었지만 적막하다. 장갑을 낀 호텔 데스크 직원은 사인한 펜을 받아 바로 쓰레기통에 버린다. TV 리모컨은 비닐로 싸여 있고, 특별한 조치로 모든 표면을 소독했다는 메모가 붙어 있고, 아침 식사 역시 픽업만 가능하다.

이런 조치 때문에 안심이 되기보다 나를 더 강박적으로 몰아간다. 호텔의 어떤 표면에도 손을 대지 않게 되고 커튼, 손잡이, 수도꼭지, 테이블 등 주위 모든 것이 위험한 존재로 다가온다. 강박장애나 세균공포증이 있는 사람이 사는 세상이 어떤 건지 이제야 감이 오는데, 그들만큼 능숙하지 않은 상태에서 그들 세상에 들어와 어설픈 흉내를 내고 있다는 생각이 들었다.

# 더 나은 추적 방법

2020 APR 11

애플과 구글(안드로이드)에서 바이러스 접촉자 추적 시스템을 론칭한다고 한다. 물론 이것이 완벽한 방법은 아닐지 몰라도, 현재 한국을 비롯한 몇몇 나라에서 사용하는 것처럼 프라이버시를 침해하지 않으면서 전염병을 관리하는 방법을 분명히 고안해 낼 수 있다고 생각한다. 통신사에 개인 위치 정보를 내놓으라고 하는 건 초기의 어쩔 수 없는 선택이었으니 이제 시스템을 업그레이드할 시점이다.

# 새로운 에티켓

한 호텔에서는 카드 키를 반납할 때 작은 어항에 넣게 한다. 그 어항에는 소독액이 가득 들어 있다. 방은 한 번 사용하면 3일 동안 다른 손님에게 내주지 않는 것을 원칙으로 한단다. 그래도 나는 들어가는 호텔 방마다 직접 라이솔을 뿌려 표면을 닦는다. 아무도 믿을 수 없기 때문이다. 마지막 3일째 밤인데, 당분간은 여행을 못하겠다. 아무도, 아무것도 믿을 수 없는 세균, 바이러스 공포증 환자의 생활은 내가 직접 통제 가능한 집에서 나오기 힘든 삶이다.

마스크를 쓰면 누구에게 좋은가? 우리 모두에게 좋다. 그런데 그 작동 방식은 이렇다. 나는 깨끗한데 너는 못 믿겠다. 그래서 마스크를 쓴다. 그런데 상대방도 똑같은 생각으로 나를 못 믿는 거다. 이 경우 마스크 안쪽(=자신)을 보호한다는 믿음으로 행동한다. 하지만 방역학적 관점에서는 마스크 바깥쪽(=타인)을 보호하기 위해 쓰는 게 좋다. 즉 우리 모두는 상대방을 믿지 않기에 전체가 방역 효과를 누린다. 죄수의 딜레마와 비슷하게 출발하지만 정반대 결과가 나오는 거다.

물론 이건 지역사회에 전염병이 퍼진 후, 즉 누가 바이러스에 감염되었는지 알 수 없게 되었을 때나 가능한 얘기다. 그 전까지는 바이러스가 퍼진 특정 집단을 더럽게 보고, 피하고, 차별한다. 즉 전염병 초기가 집단 간의 투쟁이라면, 후에는 만인 대 만인의 투쟁이다. 홉스는 이 투쟁은 결국 '사회계약을 낳는다'고 했는데, 나는 'all against all', 즉 모두가 모두와 싸우는 상황은 집단 간의 투쟁보다 훨씬 더 빠르게 사회적 합의를 낳는다고 생각한다. 집단 간 싸움에는 힘의 불균형에 의한 왜곡이 생기지만, 모두가 싸우는 상황은 계약의 필요성에 모두가 공감하게 만든다.
그래서 미국에서 인종을 불문하고 바이러스가 퍼진 후에는 오히려 편해졌다는 느낌도 든다. 보균자가 누군지 모르니 차별할 근거도 부족하고, 서로가 서로를 똑같이 의심하면 되니 새로운 에티켓이 생긴다. 게다가 이건 우리가 직접 합의한 것이지 옛날 사람들에게 물려받은 게 아니기 때문에 오해도 없다. 잘 알려진 것처럼 같은 일이 HIV 바이러스 때도 일어났다. 처음에는 게이 커뮤니티가 차별받았지만 게이 커뮤니티를 넘어 퍼진 후에는 모두가 모두를 의심하게 되었고, 그 결과 안전한 섹스를 위한 콘돔 착용이 당연한 에티켓이 되었다.

팬데믹이 악화될수록 미국 사회에서는 아시아계 노인과 여성에 대한 묻지마 폭행이 퍼지면서 다시 아시안 혐오가 큰 문제로 대두되었다. 사회와 정치계가 빠르게 반응하면서 법을 강화했다는 게 다행이라면 다행이다.

뉴욕타임스에서 자세한 분석을 기사로 내기도 했지만, 팬데믹 때문에 집 안에 갇혀 지내는 사람이 많아지면서 인터넷 사용 추세가 변화했다. 가장 눈에 띄는 것은 앱보다 웹 사용이 증가했다는 사실이다.

좀 더 엄밀하게 말하면 앱 사용량은 거의 변화가 없는데 랩톱, 데스크톱 등을 통한 웹 사용량이 크게 늘었다. 즉, 집에만 머물면서 인터넷 사용 시간이 크게 증가했는데, 그 증가분 중 대부분을 웹이 차지했다는 거다. 그런데 이런 변화를 두고 일각에서 주장하는 것처럼 '웹이 다시 살아났다'고 하는 건 일시적 현상을 트렌드로 해석하는 오류일지도 모른다.

하지만 사람들이 인터넷에서 당파성이 강한 매체보다 중립적인 매체를 선호하는 모습, 정부의 강제 규제 없이도 넷플릭스를 비롯한 영상 스트리밍업체가 화질을 떨어뜨려 다 같이 사용하는 인터넷을 지키는 모습에서 20년 전 우리가 가졌던 '월드와이드웹'의 이상을 다시 한번 느낄 수 있는 것은 분명한 사실이다.

거대 플랫폼이 나눠 가진 사유화, 상업화된 공간인 인터넷에서 우리는 모두 갈라져 싸우는 존재였지만, 모두가 동등한 '넷시민' 자격으로 참여하는 인터넷에서는 공동체의 일원으로 작동한다.

팬데믹으로 일어날 사회적 변화에 2010년 이후로 사유 플랫폼의 도구로 전락한 인터넷의 공공성이 회복되는 것도 반드시 포함되었으면 하는 바람이다.

# 비접촉 사회

2020 APR 17

앞날을 알 수 없는 코로나19 팬데믹이지만, 분명한 결과 하나만 이야기하라고 하면 '자동화'다.
그런데 자동화 추세는 막연히 앞으로 일어날 것으로 예측하는 게 아니라, 팬데믹 기간에 급속도로 진행 중이다. 여러 기업이 일제히 지출을 삭감하는 중에도 현재 유일하게 늘리는 부문이 로봇 구매와 자동화라고 한다.
특히 팬데믹으로 경제활동이 대부분 멈춘 상황에서도 반드시 움직여야 해서 '필수 산업'으로 지정된 곳에서만 5천만 개의 일자리가 자동화의 영향으로 증발하고 다시 생겨나지 않을 것으로 예측된다.
과거에는 자동화의 이유가 경비 절감이었기 때문에 정치적 이유로 쉽게 진전되지 못했다면, 팬데믹으로 인간 사이의 접촉을 없애는 것이 가장 중요해진 지금은 기업에 절호의 기회가 된 것이다. 그래서 빠르게 추진 중이라고 한다. 인류 사회가 팬데믹에서 벗어난 후에는 많은 일자리가 더 이상 존재하지 않을 거다.
남의 나라 이야기가 아니다. 알다시피 한국은 전 세계에서 타의 추종을 불허하는 로봇 사용/자동화 1위 국가다.

# 현미밥의 기준

2020 APR 21

대부분의 식당이 문을 닫았기 때문에 여행을 하면서 즉석밥을 가져갔다. 우리 집에서 나만 현미를 좋아하기 때문에 따로 '현미(brown rice) 즉석밥'을 샀다. 그런데 전자레인지에 돌려 커버를 열었더니… 그냥 흰쌀밥에 드문드문 현미가 뿌려져 있는 수준이다.

나 와, 이걸 현미밥이라고 파는 거야(Seriously? Do they call this brown rice)?

현미밥을 싫어하는 아들 내가 보기에는 그 정도면 현미밥인데(That's pretty much brown rice to me).

나 이걸 현미밥이라고 부르는 건, 라틴계가 좀 섞여 산다고 미국을 히스패닉 국가라고 부르는 거나 다름없지(Calling it brown rice is like calling the U.S. a Hispanic country just because there are quite a bit of Latinos here).
(미국에서는 라틴계를 흔히 브라운 피플이라 부른다.)

아들, 웃다가 쓰러짐.

## 행운을 빈다

2020 APR 29

딸아이가 바로 앞에서 나에게 카톡을 보냈는데 옆에 놓인 휴대폰에서 소리가 나지 않았다.

딸 　아빠, 나한테서 오는 카카오톡 알림 소리를 꺼 뒀어(Did you put my Kakao messages on mute)?

나 　아니, 왜(No, Why)?

딸 　내가 방금 카톡했는데 왜 소리가 들리지 않지(Why don't I hear any sound? I just texted you)?

나 　몰라(I don't know).

딸 　진동으로 되어 있어(Is your phone on vibration)?

나 　아마(Maybe).

대답이 미심쩍었는지 내 휴대폰을 들고 방금 보낸 메시지가 알림으로 뜬 걸 확인하더니, "굿. 진동으로 되어 있네" 하고 돌려주었다.

딸아이의 이런 성격은 나랑 똑같아서, 누가 남자 친구가 될지 모르지만 행운을 빈다.

## 딸에게 평등한 사회

이제는 오래된 일이지만, 첫아이로 아들을 낳은 후 둘째는 딸이었으면 하는 욕심이 있었다. 꼭 딸이 좋아서가 아니라, 내가 연년생 삼 형제 중 둘째이기 때문에 집안에 아들만 있는 것보다는 딸이 있었으면 하는 단순한 생각이었다. 그러니 첫아이를 낳은 해에 바로 둘째를 임신한 아내와 초음파 검사를 하던 날, 태아가 딸이라는 얘기를 들었을 때는 마치 빙고 카드를 완성한 듯한 느낌이었다.

하지만 고민이 생겼다. 나는 남자아이가 어떻게 자라는지는 잘 알지만 누나나 여동생이 없기 때문에 여자아이에 대해서는 하나도 모른다는 걸 깨달은 거다. 물론 아내가 있으니 키우는 데 문제야 없겠지만, 내가 어린 여자아이와 어떻게 대화하고 관계를 형성해야 하는지, 그리고 무엇보다 딸에게 어떤 가치관을 심어 주고 어떤 사람으로 길러야 하는지 도무지 감이 오지 않았다.

그러다가 딸아이가 태어날 즈음 나는 그 아이를 톰보이(tomboy), 그러니까 사내아이 같고 말괄량이인, 씩씩한 여자아이로 키우고 싶다는 생각을 했다. 만화나 영화에서 내가 좋아하는 캐릭터가 대개 말괄량이라 그런 생각에 이르렀다고 여겨 왔는데, 오랜 시간이 지난 후 되돌아보니 내가 여자아이 키우는 법을 몰라서 편의대로 남자아이 같은 여자아이로 키우고 싶다고 결론을 내렸던 것 같다.

초보 부모가 첫 번째로 배우는 교훈이 있다면, 아이는

독립된 인격체라는 거다. 아이에게 좋은 삶의 방식을 가르칠 수는 있어도 타고나는 성격, 혹은 성품을 바꿀 수는 없다. 내 딸아이가 톰보이가 아니라는 사실을 깨달은 건 아이가 네 살인가, 다섯 살 생일을 맞았을 때다. 아이 친구들을 초대했는데, 함께 온 부모들(대부분 유학생 부부들)이 딸 선물로 디즈니 공주(백설공주, 숲속의 잠자는 공주 같은 캐릭터)가 등장하는 두툼한 핑크색 그림책처럼 말 그대로 여자아이가 좋아할 것을 사 왔다.

그때까지 나는 딸에게 소위 '공주풍' 장난감이나 책을 사 준 적이 없었고, 아들아이와 별로 다르지 않게 키웠다. 아내는 톰보이로 키우는 데 동의한 건 아니라도 공주풍 물건을 사 주거나 그런 이미지를 심어 주는 데 관심이 없었다. 그 책을 사 온 친구 엄마는 자기에게는 아들 하나뿐이라서 이런 물건을 꼭 사 보고 싶었다며, 우리 집에 공주 책이 하나도 없는 것도 그런 이유라고 했다.

그런데 딸아이가 그 책을 보자마자 정신없이 빠져드는 게 아닌가. 마치 숲속의 잠자는 공주가 태어나서 물레를 한 번도 본 적이 없다가 처음 보고 그 물건에 빠져드는 장면을 보는 듯했다. 나는 그런 딸의 모습을 보며 신기했고, 그 일이 아이란 부모와는 전혀 다른 독립된 존재라는 사실을 직관적으로 깨달은 첫 계기였다.

그렇다고 해서 딸아이가 그 후 공주 물건을 좋아했느냐면, 그렇지는 않다. 초등학교, 중학교, 고등학교를 거치면서 아이는 계속 변했고, 톰보이는 아니지만 공주풍과도 거리가 먼 자신만의 스타일을 만들어 나갔다. 친구들이 화장을 시작했을 때 우리는 아이가 화장하는 걸 권장하지도, 말리지도 않았지만 자기 스스로 화장에 관심을 갖지 않았다. 하지만 스킨케어 제품이나 또래 여자아이들이 좋아하는 물건에 대해서는 뒤처지지 않고 적당하게 따라갔다.

나는 아이가 주체성을 키워 가면서도 자신이 원하는 만큼 여성성을 가지고 자라는 모습이 보기 좋았지만, 그러면서도 아이의 생각이 바뀌는 모습을 끊임없이 관찰하고 머릿속에 기록했다. 우리는 비록 현대사회에 살고 있다고 해도 인류 역사에서 발전해 온 여성성은 그 자체로 하나의 무거운 '문화적 짐(cultural baggage)'을 지고 있기 때문이다.

어느 여성이 화려한 스커트나 드레스를 좋아한다면 그 자체로는 좋을 것도, 나쁠 것도 없는 취향의 영역이다. 하지만 특정한 옷은 그것이 발전해 온 문화에서 그것을 입던 사람들과 그 주변 사람들이 가지게 된 특정 이미지나 기대치를 함께 가지게 된다. 여성들은 자신의 취향과 타인의 기대, 이미지를 분리하려고 노력해 왔고 지금도 노력하고 있지만, 이는 여전히 진행형이다. 여성은 자신이 좋아서 미니스커트를 입어도 여전히 '남자들의 눈길을 끌기 위해서 입었다'고 생각하는 사회에서 살고 있다. 남들, 특히 남성의 왜곡된 생각 때문에 미니스커트를 입고 싶은 여성이 입을까, 말까 고민하는 건 옷을 고르는 것이 여전히 자신의 자유가 아님을 의미한다.

옷만이 아니다. 남성은 역사적으로 여성이 하는(혹은 '해야 하는') 일에 지독할 정도로 많은 문화적 코드를 심어 왔다. 이는 거의 종교적인 수준이다(가령 성경에 등장하는 남녀 차별적 율법 적용을 생각하면 종교적이라는 표현은 전혀 과장이 아니다). 갓난아이를 보살피고 젖을 먹이면 그걸 '모성애'라고 부르고, 식사를 준비하면 부엌은 여성이 '속한' 장소라고 생각하며, 머리를 기르면 그거야말로 '여성스러운' 외모라는 식으로 인류 사회는 여성 전체를 단일한 '비둘기 구멍(pigeonhole)' 안에 몰아넣는 행동을 수백, 수천 년 동안 해 왔다.

그래서 딸아이가 사회적으로 '여성스러운 것'으로 받아들이는 옷을 입거나 행동을 할 때 마음껏 좋아하고 박수를 쳐 주고 싶지만, 마음 한구석에서 스며드는 걱정을 무시하지 못하는 나 자신이, 아니 이 사회의 문화가 싫다. 아이가 머리를 기르면 그건 여성스러워지고 싶어서가 아니라 자신이 좋아서 기르는 것이고, 화장을 해도, 혹은 하지 않아도 여성으로 화장을 하거나 안 하는 게 아니라 개인의 선택일 뿐이다. 내 고민은 '사회가 그걸 그렇게 해석할 것이냐'는 거다.

같은 이유로 나는 아들아이가 부엌에서 설거지를 하고 있을 때는 그냥 고맙다는 말을 하고 지나치지만, 딸아이가 설거지를 하고 있을 때는 '안 해도 된다'고 말한다. 딸아이가 우리 집에서 가장 깔끔한 성격이라 나와 아내가 바빠서 설거지거리가 가득한 싱크대를 그냥 지나치지 못할 것 같지만, 한편으로는 혹시라도 그걸 자신의 의무라고 생각할까 염려가 되고, 나중에 같이 사는 (아마도 남성) 파트너가 딸아이의 이런 성격을 '여성스러운' 것으로 받아들이지는 않을까 걱정하는 거다. 걱정은 부모가 영원히 벗어나지 못하는 굴레가 맞다.

그래도 세상은 변한다. 내 부모님 세대와 내 세대, 그리고 아이의 세대를 비교해 보면 안달이 나도록 느리지만 변화는 분명히 느껴진다. 그나마 이렇게 변한 것은 각 세대의 어머니가 딸을 자신과는 다르게 키우기로 마음먹었기 때문이다. 1900년대 초에 태어나신 내 할머니는 글을 배우기 위해 부모님에게 거짓말을 하고 몰래 학교에 다녀야 했기 때문에, 자신의 딸(내 어머니)을 학교에 보내는 것에는 아무런 문제가 없었다. 하지만 그런 할머니조차 재정적 한계에 부딪히자 딸이 아닌 아들을 대학에 보내기로 결정하셨다. 내 세대에서 그런 일은 일어날 수 없다.

하지만 그걸로 충분할까? 딸아이에게 차별 없이 고등교육을 시키고, 자라면서 아이에게 여자아이는 다르다거나 '여성스러움'에 대해 일절 언급하지 않는 것으로 충분할까? 여전히 사회에 존재하는 성차별적 관행과 여성에 대한 폭력을 보면서 나의 노력이 무너지는 둑 앞에서 양동이로 물을 퍼내는 것처럼 부질없게 느껴질 때가 있다. 나와 아내가 아무리 성 평등을 강조하려 해도 우린 둘 다 차별적인 문화에서 자라난 사람들이기 때문이다.

나는 삼 형제 중 차남으로 편하게 자랐고, 아내는 엄한 유교적 교육을 하는 집안에서 장녀로 자랐다. 그런 환경은 나와 아내가 아무리 노력해도 이미 우리 몸에 스며들어 있다. 나는 글을 구상하거나 생각에 빠져 있을 때 몸을 젖히고 책상 위에 발을 올려놓지만, 아내는 항상 똑바로 앉는다. 그렇다고 내 아버지가 그렇게 하셨거나 가르친 건 아니지만, 내가 내 방에 있는 책상에서 그렇게 앉아 있다고 뭐라고 하신 적도 없다. 내가 모든 남자를 대표한다고 생각하지는 않지만, 나는 아침에 일어나 거실로 나올 때 머리를 매만지는 일은 없고 그래서 샤워하기 전까지는 부스스한 머리로 집 안을 돌아다닌다. 반면 아침에 일어나 거울을 보고 나오는 엄마를 보면서 아이들은 무의식적인 학습을 한다.

그런 차이가 그것뿐일까? 대화할 때 의견을 주고받는 태도, 화장실 사용법, 밥을 먹는 태도… 이 모든 것을 아이들은 한집에서 고스란히 보면서 자란다. 부모도 눈치채지 못한 부모의 행동과 사고방식을 아이들은 자신이 배우는지도 모르면서 몸에 익히는 거다. 따라서 아무리 노력한다 해도 내가 자란 환경에서 습득한 사고와 행동은 아이들에게 전달될 수밖에 없다. 그런데 내가 자란 1970~1980년대의 한국에는 성 평등이라는 말도 없었다.

나는 아이들이 내가 모르는 나의 모습에서, 내가 자라며 흡수한 20세기의 환경을 '간접흡연'하고 있을 것이 신경 쓰인다.

나는 내 딸이 사는 세상은 인류 역사에서 가장 앞선, 가장 평등한 세상일 거라고 기대한다. 객관적으로 많은 것이 바뀌었고, 바뀌고 있기 때문이다. 하지만 나는 내 딸이 오랜 세월이 지난 후 나이 들어 죽을 때까지도 남녀가 완전히 평등한 세상에서 살지는 못할 거라 생각한다. 지금보다 훨씬 불평등한 세상에서 태어난 나처럼, 이 아이 역시 불평등한 세상에 태어났고 그런 세상에서 자라고 있기 때문이다.

물론 세상은 동등하지 않고 우리 아이들보다 훨씬 더 나쁜 조건에서, 더 큰 불평등을 겪으며 일생을 살 사람들은 훨씬 더 많다. 하지만 그런 사람들이 존재한다는 사실이, 혹은 과거보다 더 나은 세상에서 태어나서 산다는 사실이 내 딸이 현실에 만족해야 할 이유라고 생각하지 않는다. 아이가 계속해서 완전한 성 평등을 요구하고 싸우기를 바란다. 평등과 인권에 대한 요구는 항상 '지금 당장'이어야 한다. 앞으로 나아질 것이라는 말, 다음 세대는 더 나은 세상에서 살 거라는 말은 지금 이 순간을 살고 떠나는 '나'에게는 아무런 의미 없는 이야기이고, 그런 말을 하는 사람도 영원히 사는 사람이 아닌 이상 공허한 약속에 불과하다. 우리는 (윤회설을 믿는 게 아니라면) 모두 한 번만 살기 때문이다.

# 5월

M A Y
J U N E

# 6월

## 그럼에도 삶은 계속된다

## 식초 맛 감자칩?

아마 모유의 맛과 단맛 정도를 제외하면 세상 모든 맛(taste & flavor)에 대한 선호는 살면서 얻는 거라고 생각한다. 이를 '후천적으로 얻는 기호(acquired taste)'라 부르는데, 대개는 주는 대로 받아먹어야 하는 어린 시절에 생겨 평생을 따라가고, 자라서 새로운 음식을 선택할 수 있게 되면 그 사람의 모험심의 크기에 따라 즐기는 맛의 범위가 확장되는 게 아닐까.

타고난 체질도 큰 몫을 한다(가령 신진대사가 빠른 아들아이는 어릴 때부터 단맛에 대한 선호가 무척 강했다). 하지만 자신의 체질이나 선호가 태어난 문화와 잘 맞지 않는 경우, 외국 음식에서 안식처를 찾을 수 있다는 점에서 20세기 후반 이후에 태어난 사람들은 운이 좋은 셈이다.

내가 생각하는 큰 룰이 있다면 '특정한 맛의 음식을 먹는 문화가 존재한다면, 그 음식은 원칙적으로 누구나 즐길 수 있다'는 것이다. 모험심의 크기, 다양성을 얼마나 즐기느냐, 어떤 환경에서 새로운 음식을 접했느냐 등이 큰 영향을 미치고, 알러지 등의 예외는 있지만 원칙적으로 못 먹을 음식은 없다.

나는 맛있는 음식을 찾아다니며 먹는 사람이 아니고, 매일 먹는 음식은 단순한 메뉴의 로테이션을 선호하지만, 새로운 음식을 먹을 기회가 있을 때 물러서지는 않는다. 특히 낯선 음식인데 그것을 좋아하는 사람이 있다면 일단 먹어 본다. 20대까지는 안 그랬던 것 같은데 미국에 와서 '어떻게 사람이 이런 걸 먹을까' 싶었던 것을 나중에 내가 좋아하게 되면서 이런 생각이 들었다. '내가 놓치고 있는 게 뭘까?'

순전히 그런 호기심으로 집어 들었던 스낵이 바로 '바다 소금과 식초가 들어간 포테이토칩'이다. 포테이토칩은 프링글스가 최고라고 생각했던 어린 시절을 지나, 미국에서 다양한 칩을 먹어보다가 '케틀쿡'에 안착한 후 발견한 '바다 소금과 식초' 향(flavor라고 작게 쓰였지만, 성분에 실제로 식초가 들어간다).

새로 나온 제품이 아니다. 1950년대부터 미국 감자칩 시장에서 꾸준히 팔리는 종류다. 웬만한 메이커는 다 갖고 있는데, 그렇다고 주력은 아니다. 이 맛을 좋아하는 사람이 제법 되고 꾸준히 먹는다는 얘기니, 나도 먹어 봐야겠다 싶어서 사 보았다. 그런데 흐억 소리가 나올 만큼 강한 식초 맛이 났다. '왕꿈틀이' 같은 신맛이 아니라, 식초 향이 입에 확 퍼지는 신맛이다(혹시 타키스 과자를 아는 사람은 대충 짐작할 수 있을 것이다. 하지만 타키스를 먹어본 사람은 이 칩도 먹어 봤을 게 분명하다).

'이번 실험은 완전히 망했다'는 생각이 들었다. 문제는 집에 과자가 그것밖에 남지 않았다는 것이다. 걸어서 가게에 다녀올 수 있는 한국과 달리 미국은 차를 타고 가야 한다. 그러니 장을 볼 때까지 식초 맛 감자칩으로 버텨야 했다. 가급적 안 먹으려 했지만 '없으니 이거라도' 하는 생각에 참으면서 먹었다.

그런데 한 봉지가 바닥나기 전에 식초 맛 감자칩을 좋아하게 되었다. 그다음에 마트에 가서 칩을 고르다가 '바다 소금과 식초' 향이라는 글씨만 봐도 입에 침이 돌았다. 식초 맛이 떠올라서 그런 거겠지만, 그 맛이 그리운 건지 신맛의 기억 때문인지 명확하지는 않다. 아무튼 그러다가 종종 사는 감자칩의 반열에 들어섰다.

한국 사람들은 '미국 스낵이 지나치게 달고, 짜고, 향이 강하다'고 불평하는데, 이게 정확하게 그런 스낵에 해당한다. 일단 한 봉지만 다 먹어 보면, 그다음에는 계속 먹게 된다. 잘 생각해 보면 우리가 어릴 때 김치 먹는 법도 그렇게 배운 거다. 처음엔 싫었는데 맨날 주니까 좋아진 게 아니겠는가.

# 발레



트럼프의 '개인 발레(personal valet)'가 코로나19 확진자라는 뉴스가 한국 언론에 나오면서 '개인 주차 요원'이라고 번역되었다. 나중에 일부 매체에서는 수정된 표현으로 등장했지만, 이 단어는 주차와는 상관이 없다. 1) 호텔에서 (대개 특실의) 손님을 도와주는 사람. 2) 대통령 같은 높은 사람의 잔심부름을 하는 사람이다. 경호원과 다르고, 공식 비서와도 다르다. 개인 비서가 가장 가깝다. 이 소식을 전하는 보도에서 그 발레가 트럼프가 입을 옷을 준비해서 늘어놓았다고 하는데, 이게 영국의 전통적인 풋맨(footman)의 주 업무 중 하나다. 여주인을 도와주는 체임버 메이드(chamber maid)가 있다면 남자에게는 이들이 있다. 물론 옷 외에도 음료수 서빙, (아마도 트럼프의) 햄버거 사 오기 등의 심부름을 모두 수행한다.

우리나라 매체에서 혼란이 생긴 이유는 호텔, 음식점 주차장에서 대신 주차해 주는 서비스를 발레파킹, 즉 '도우미 주차'라고 하는 바람에 발레=주차 요원이라고 착각하게 된 것 같다. 하지만 '주차 도우미'라는 말이 있다고 해서 '도우미'가 곧 주차 요원은 아니다. 트럼프가 직접 운전하는 게 아니라 경호원이 운전하는데 주차 요원이 있을 리 없다고 의심하고 한 번 찾아봤다면 금방 알 수 있었겠지만, 워낙 큰 뉴스라 서둘러 번역했을 것 같고, 아마 '이까짓 거는 내가 알지' 하는 생각에 바로 주차 요원으로 번역했을 수 있다. 자신감은 모든 번역자가 빠지기 쉬운 함정이다.

여기에서 잠깐, 'valet'는 한국인은 흔히 '발레(렛)'라 부르고, 영미권에서는 '발레이'라고 부른다. 어느 쪽이 맞을까? 어원이 영어와 프랑스어 모두에 있는데, 심부름꾼이라는 의미의

'valet'는 영국에서 사용하던 것이니 '밸렛'이 맞다고 한다. 하지만 영어 사용자들은 프랑스어 비슷하게만 보여도 프랑스어 식으로 발음해야 한다고 생각하는 경향이 있어서 (아마 열등감의 결과가 아닐까) 전부 프랑스어 비슷하게 '발레이'라고 한다.

그래서 어원에 맞든 틀리든 상관없이 '발레이'라고 하는 게 좋다. 외국인이 '발레/밸렛'이라고 하면 미국인은 "발레이?"라고 되물을 가능성이 크다.

비슷한 예로 틈새시장을 얘기할 때 등장하는 'niche'라는 단어가 있다. 우리는 '니치'라고 읽는데, 내 느낌상 미국인의 약 70~80%는 '니이쉬'라고 프랑스어 느낌 나는 발음을 한다. (미국인에게 인기 있는 프랑스 요리 키슈(quiche) 때문이라는 얘기를 들었다. 비슷한 발음일 거라 짐작한다고). 언어학자나 어휘를 정확하게 표현하는 사람들은 '니치'라고 발음하지만 '니이쉬'가 훨씬 흔하게 사용된다. 다만 요즘 미국의 방송기자들 사이에서는 옳은 발음을 사용하려는 노력이 보인다.

하지만 'valet'는 절대 다수가 '발레이'다. 호텔이나 행사장, 음식점 앞에 차를 멈추고 주차 요원으로 보이는 사람이 다가오면 "Are you my/the 발레이?" 하고 물어보고 키를 주면 된다.

## ✸ 노력 때문에 우리가 잃는 것들

실험실에서 일할 박사 후 연구 과정(postdoc)을 뽑고 있는 아내에게 이런 이야기를 들었다. 지원자 이메일이 전 세계에서 오다 보니 문화별로 차이점이 확연하게 드러난다는 것이다. 가장 크게 차이 나는 건 영미권을 중심으로 한 서구와 아시아계인데, (자기네 언어이고 습관이어서일 가능성이 높지만) 전자의 경우는 거의 예외 없이 읽는 사람의 관심을 끄는 데 능한 반면, 후자는 이메일 내용이 형식과 스펙에 중점을 둔다.

가령 영미권이나 서구 후보들은 '포스닥을 뽑는다는 공지를 읽었다'고 단도직입적으로 시작하고, 자신을 소개할 때 누구와 어디에서 무슨 프로젝트를 했고, 그 프로젝트가 어떤 것이었고, 자신의 역할이 무엇이었는지 아주 자세히 소개해 어떤 사람인지 쉽게 알 수 있다. 이메일은 전반적으로 뽑는 사람 입장에서 궁금해할 것 위주로 흥미롭게 전개된다.

하지만 아시아계는 'Hi, I'm _________. I'm writing this email _________' 같은 불필요한 말을 꽤 길게 늘어놓고, 그다음에는 자신이 할 수 있는 것(이 경우 프로그래밍 관련한 것)을 줄줄이 나열한다. 그 '사람'이 보이는 게 아니라, 그 사람의 '능력/기능'이 보인다. 아시아계는 자신이 수행할 수 있는 '기능'을 자기 자신보다 앞세운다.

더 흥미로운 건 (인구압이 심한) 몇몇 국가에서 보낸 이메일이다. 이 사람들에서 거의 공통으로 나타나는 건 자신이 '적응력이 뛰어나기(highly adaptable)' 때문에 필요한 건 금방 배워서 할 수 있으며, 한마디로 '시켜만 주면' 다 해낼 수 있다는 태도를 분명하게 밝힌다는 것이다(그리고 '긍정적인 답변을 기다린다'는 문구를 꼭 넣어서 이게 지원서가 아니라 요구처럼 들린다).

아시아 사람들이 프로그래밍 작업으로 유명하고, 전반적으로 더 성실한 편인 건 인정하지만, 영미권 친구들도 어느 단계 이상이면 똑똑하고 유능하며, 어떤 면에서 더 책임감 있다.

문제는 커뮤니케이션이다. 일을 주고 '언제까지 해 오라'는 식의 일이면 모르겠지만, 의견을 공유하고 어떤 부분이 문제이고, 어떤 걸 어떻게 하는 게 좋을지 대화를 해야 하는 실험실 문화에서는 '맡겨만 주면 어떻게든 해 오겠다'는 태도는 선뜻 받아들이기 힘들다.

모든 아시아계가 같은 성격을 가진 건 아니지만, 이 글을 읽는 사람들은 대부분 동의할 것 같다. 이게 문화적인 요인, 특히 자라면서 받는 교육과 가정 내 커뮤니케이션, 학교와 직장 등 조직 문화의 영향이라는 건 경험상 분명한 듯 보인다. 내가 다른 사람과 다른 점을 찾아 그걸 부각하려는 고민을 하기보다 가장 좋은/잘생긴/능력 있는 사람을 모델로 정해 놓고 그와 비슷해지려고 뼈를 깎는 노력을 하는 태도가 만들어 낸 결과가 아닐까 싶다.

그 노력이 가져다준 성과는 분명 인정해야겠지만, 어느 단계부터는 그 태도 때문에 잃는 게 있다는 사실도 인식하고 고민해야 한다고 본다. 그것이 진정으로 'highly adaptable'한 게 아닐까.

# 총을 든 미국인

2020 MAY 12

요즘 미국 모습을 보여 주는 사진 세 장을 보았다.

첫 번째 사진은 미시간주 의사당에 총을 들고 들어간 백인 트럼프 지지자들이 민주당계 주지사가 록다운을 풀지 않는다고 시위를 핑계로 총을 들고 주지사 사무실 앞에서 위협 중인 장면이다. 의사당 내에 피케팅을 위한 푯말은 들고 들어갈 수 없는데, 총은 숨기지만 않으면 소지한 채 들어갈 수 있다는 법에 주지사도 어이없어했다.

두 번째 사진은 위의 일을 두고 미시간주 하원의원(흑인 여성) 한 사람이 신변의 위협을 느낀다고 말하자, 흑인과 히스패닉으로 구성된 사람들이 역시 총을 들고 의사당까지 나와 그 하원의원을 에스코트하는 모습이다.

세 번째 사진은 무장한 흑인들이 시위대를 보호하는 장면이다. 그 배경은 이렇다. 조지아주에서 조깅하는 흑인 남성을 백인 두 명(아버지, 아들)이 총을 들고 쫓아가 '절도범인 줄 알았다'는 핑계로 백주에 길거리에서 살해하는 사건이 벌어졌다.
그런데 조지아주 검찰은 두 달 넘게 용의자를 체포하지 않고 시간을 보내다가 살해 장면이 담긴 비디오가 공개되고 여론이 들끓자 뒤늦게 체포를 하긴 했지만, 팬데믹 핑계를 대면서 재판을 미루고 있다. 분노한 블랙팬서(영화와 무관한, 미국의 오래된 흑인 무장 단체. 하지만 지금의 블랙팬서는 과거 단체의 명칭, 로고를 사용하지만 둘은 무관하다는 것이 과거 멤버들의 주장이다) 멤버들이 총을 들고 흑인 시위대를 보호하려 나왔다. 미국에서 별 볼일 없는 남자들이 힘을 과시하는 유일한 방법이 총 들고 군인 놀이 하는 거다.

## 클리셰

할리우드 영화를 보면 도망가는 주인공이 공터에 놓인 낡은 차에 올라타 바이저 같은 곳을 뒤져서 키를 찾아내 시동을 거는 장면이 나온다. 흔히 등장하는 클리셰인데, 너무나 비현실적이라고 생각했다. 주인이 집 문 앞에 있는 발판이나 뒤뜰에 놓인 그릴, 혹은 문 위에 숨겨 둔 비상용 열쇠를 범인이 찾아내서 침입하는 장면도 비현실적이라고 생각했다. 차와 집 열쇠를 차 안, 집 앞에 두는 사람이 어디 있겠나 싶었다.
그런데 알고 보니 미국인들은 정말로 그렇게 한다. 가령 부동산 중개인에게 '집 뒤 그릴에', '집 앞 몇 번째 돌 아래' 열쇠가 있으니 꺼내서 들어가고 그 자리에 두라고 얘기한다. 한국은 일단 전통적인 키 자체가 사라지고 있는데, 미국인 중 대다수는 여전히 키를 주렁주렁 들고 다녀야 안심하는 듯하다. 일본인이 현금 좋아하는 거랑 비슷한 느낌이랄까.
조직이든 사회든 특정 시스템으로 성공한 후에 개선하려는 동기나 동력이 그렇지 않은 조직, 사회보다 훨씬 떨어지는 것 아닐까 싶다. 참고로 미국은 키 모양도 종류별로 비슷해서 집 열쇠는 제일 흔한 삼각형 구멍이 세 개 있는 걸 주로 사용한다.

한국과 미국의 민주주의 환경 차이 중 가장 두드러진 것은 변화의 동력이 어디에서 오느냐에 있다. 국민 평균 수준이 높은 한국은 유권자가 먼저 각성하고 정치인에게 압력을 넣는 식으로 변화한다면, 미국은 전반적인 민도가 한국보다 낮은 반면 엘리트 집단의 능력과 시스템이 우리보다 앞서 있기 때문에 엘리트 집단이 유권자를 얼마나 잘 설득하느냐(혹은 잘 속이느냐)로 변화가 결정된다. 즉 뛰어난 혹은 힘 있는 소수의 아이디어가 변화의 동력이다. 건국 이래로 항상 그래 왔다.

조 바이든이 선거 전략을 완전히 바꾸고 있다고 한다. 이제까지는 '트럼프가 망가뜨린 나라를 되돌려 놓자'는 방향, 즉 '오바마 정권 3기'가 목표였는데, 팬데믹으로 세상이 완전히 뒤집어지면서, 그리고 트럼프 정권의 무능과 부패가 극에 달하면서 전략을 바꾼 것이다.

일단 바이든이 여론조사에서 우위를 점하기 시작하면서 여론이 바뀌고 있다. 그리고 마크 워너 상원의원의 표현대로 '2008년 경제 위기, 9.11 테러, 혹은 베를린장벽 붕괴보다 더 큰 변화'가 다가오고 있기 때문에 단순한 '회복'이 아니라, 미국 사회를 완전히 바꿀 변화가 필요하다는 인식이 내부에서 일어나고 있다고 한다.

그런데 바이든은 그 변화를 위한 아이디어를 다양한 사람들에게 구하고 있다. 전에도 이야기했지만 진보파의 젊은 정치인 AOC를 정책 팀에 넣겠다고 했고(AOC는 샌더스와 같은 플랫폼에 있기 때문에 샌더스의 어젠다가 반영되는 것과 같다), 마찬가지로 경선 경쟁 상대였던 엘리자베스 워런에게서도 아이디어를 구하고 있단다.

젊은 AOC가 그토록 뛰어난 실력을 발휘할 수 있는 건 뛰어난 정책 팀이 받쳐 주기 때문이다. 그리고 워런 상원의원은 후보에서 사퇴한 후 팬데믹에 어떻게 대응해야 하는지에 대한 플랜을 준비해 왔다고 한다. 이렇게 이미 실행 가능한 아이디어를 가진 사람이 많다.

미국이 잘하는 게 이런 거다. 방향을 정하고 의견을 구하면 준비된 인재들이 준비된 아이디어를 가지고 몰려드는 것. 크게 보면 큰 나라의 장점이라고 본다. 반면 단점은 다양한 사회 구성원의 민도를 끌어올리기가 쉽지 않다는 것이다. 중국, 미국 등을 제외한 중소 규모 국가에서는 높은 교육 수준을 유지하고 사회를 통합하는 것이 상대적으로 쉬운 반면, 다양한 사고를 하는 인재, 당장 요구하는 곳이 없어도 각자 알아서 발전시켜 온 새로운 아이디어를 찾아내기는 상대적으로 어렵다. 결국 온 국민의 수준이 높아지는 방식으로 대응하게 된다. 어느 쪽이 옳다 그르다를 떠나 각 나라가 찾아낸 생존법이다.

## 원래 행복은 소소한 일상에 있다

2020 MAY 19

내가 수정 테이프를 사러 간다니까 딸아이도 같이 가겠다고 나섰다. 코로나19로 외출이 제한되다 보니 이런 작은 일상조차 꽤 설렌다. 더욱이 딸아이는 문구광이라 스테이플즈나 오피스디포 같은 문구 전문점을 돌아다니는 것만으로도 행복해 한다. 그런데 가서 보니 수정 테이프가 방식, 브랜드, 포장된 개수까지 다양해서 거의 20종에 달했다. 심지어 똑같이 생겼는데 테이프가 나오는 각도만 다른 것도 있다.

각각의 장단점, 개수와 길이(5~12m)에 따른 가격 차이, 선호하는 모양으로 자그마치 10분 넘게 토론하고 결정해서 하나씩 나눠 가졌다.

나 　수정 테이프 하나 고르는 데 진짜 시간 많이 걸렸네 (Wow, we took some time to choose a whiteout).

그런데 그렇게 고른 수정 테이프가 아주 마음에 든다. 테이프도 바로 시작되고(좋지 않은 것은 매번 1.5mm 늦게 시작) 늘어지지도 않고(늘어질 경우 조이는 나사도 있고) 심지어 돌려서 닫는 보호 캡도 있다.

시간이 아깝지 않은 토론이었다는 결론!

# 기업의 원격근무

2020 MAY 22

페이스북이 팬데믹 후에도 직원의 절반을 재택/원격근무로 유지하겠다고 한다.

실리콘밸리 기업들이 이런 추세를 유지하면 살인적인 이 지역(Bay Area)의 주택 가격도 장기적으로는 진정되지 않을까? 주택 가격 상승이 애초에 페이스북 IPO 이후로 극심해진 현상이었으니 말이다. 그리고 무엇보다 집값 때문에 그곳으로 갈 엄두를 못 내는 사람을 채용하는 데도 도움이 되지 않을까 싶다. 와이오밍의 대자연 속에서 말 타고 플라이 낚시하면서 페이스북에서 일할 수 있다면 말이지.

내가 고등학교 시절 국어 책에서 읽은 최고의 글은 단연 '말과 사람됨'이었다. 이규호가 쓴 글 일부를 교과서에 실었던 것으로 안다. 고등학교 졸업 때까지 12년 동안 국어 책에서 접한 글 중 그 글만큼 의미를 (천천히 되새기지 않으면) 이해하기 힘들었던 글도 없었고, 이해한 후 그렇게 감탄을 하면서 쾌감을 느꼈던 글도, 오래도록 남아 두고두고 생각하게 된 글도 없다.

그 글에 나온 이야기 중 하나가 '인간은 본질이 먼저 생기고 그것을 언어로 표현하는 게 아니라, 언어를 발전시키면서 본질이 형성된다'는 내용이다. 이 말은 그때나 지금이나 여전히 동의한다.

한국에서는 다른 사람에게 '조언'을 하거나, 부탁하거나, 부탁받지 않아도 조언하는 일이 흔하다. 물론 조언 중에는 좋은 것도 많지만 조언을 주고받는 구도 자체가 그 유용성을 상쇄할 만큼 나쁜 영향을 미칠 때가 무척 많다는 게 내 생각이다. 특히 한국 사회에서 그렇다. 나보다 나이 어린 사람이 조언을 구한다고 말하고 내가 이야기하는 순간, 그 사람은 나보다 능력과 아는 것이 '부족한 사람'이고 나는 그 사람보다 능력과 아는 것이 '많은 사람'이라는 구도가 형성된다. 내가 입을 여는 순간 상대방은 고개를 끄덕끄덕하고 받아 적는 방청객이 된다. 내 생각에 이건 아주 나쁜 아이디어 교환 방식이다.

아이디어를 구하는 것은 행위일 뿐인데, 조언이라는 형태가 그 사람으로 하여금 자기도 모르게 스스로를 '조언이 필요한 사람', '능력과 지식이 부족한 사람'으로 만들기 때문이다. 즉 말이 존재를 규정하는 거다.

평소 그런 생각을 종종 했는데, 이번에 오바마의 졸업식 축사를 찬찬히 듣고 읽어 보면서 그가 이 문제에 아주 민감한 사람이라는 걸 깨달았다. 고등학생들에게 축사를 하면서 당연히 '인생 조언'을 해 줄 만한 위치에 있고, 그걸 기대하고 부탁한 건데도, 그리고 그걸 들려주고 있으면서도 학생들이 스스로를 '부족한 사람'이라고 여기는 구도로 빠지지 않게 무척 신경을 쓰고 있었다. 언뜻 평범해 보이는 짧은 축사인데 듣는 학생들이 어떻게 느낄지를 정말 많이 고민한 표현이다. 정말 고민해서 썼거나, 아니면 이 사람이 원래 그렇게 조심스러운 사람이거나, 아니면 둘 다일 거다.

산책 중 어느 집 앞에서 본 푯말이 인상적이었다.

우리는
흑인들의 삶도 중요하고
어떤 사람도 불법일 수 없고
어떤 사랑에도 차이가 없고
여성의 권리는 인권의 문제이며
과학은 사실이고
물은 생명이고
세상 어느 곳에 존재하는 불의도
온 세상 정의에 대한 위협임을
믿습니다
We Believe
Black Lives Matter
No Human is Illegal
Love is Love
Women's Rights Are Human Rights
Science is Real
Water is Life
Injustice Anywhere Is a Threat to Justice Everywhere

이 문구 하나하나에는 전부 사연이 있고, 그걸 주장해 온 (서로 다른) 집단/사람이 있고, 그 사람들이 자신의 주장을 응축해 표현한 것이다. 그들의 땀과 눈물이 묻은 문구인 것이다.

## 눈과 입

2020 MAY 28

일본 만화 캐릭터의 비정상적으로 큰 눈에 대한 가장 설득력 있는 주장을 발견했다.
이제까지는 일본 만화에 자주 등장하는 서양 인물을 묘사하기 위해 눈을 크게 그렸다거나, 눈이 작은 일본인이 서구형 미모에 대한 동경 때문이라는 정도의 이야기만 들었다. 그게 완전히 틀렸다고 생각하지는 않아도 기원 설화에 불과할 뿐이고, 문화에서 특정 요소가 살아남아 보편화되었을 때는 분명히 중요한 '기능'을 담당하기 때문이라고 생각한다.
그런데 이런 주장을 읽었다. 캐릭터의 눈을 크게 그리면 작고 미세한 변화를 잘 표현할 수 있고, 시청자도 쉽게 알아본다는 것이다. 즉 등장인물의 감정과 생각을 전달하는 방법으로 눈을 사용해야 하니 크게 그린다는 거다. 실제로 일본 만화에서 입은 중요한 역할을 하지 않고 거의 모든 감정과 생각 표현은 눈으로 하는 듯하다. 반면 서양 애니메이션에서는 입이 중요하고 대사에 맞춰 정확하게 움직인다. 미국인은 일본 애니메이션에서 입이 말과 상관없이 끔뻑거리기만 하는 걸 이상하게 생각한다.
이게 일리 있는 주장인 것이, 동아시아의 웃음 이모티콘(^^)과 서양의 이모티콘( :)) 차이를 설명하는 주장과도 일치하기 때문이다. 즉 서양인은 조금만 웃어도 이가 활짝 드러나 웃는 얼굴이 표현되지만, 동양인은 그렇게 하려면 훨씬 더 많은 얼굴 근육을 움직여야 한다. 따라서 동양인은 눈으로 웃음을 표시하는 데 익숙하고, 서양인은 입으로 웃음을 표시한다. 두 집단이 다른 이모티콘을 사용하는 게 바로 그런 이유가 아닐까.

# 지금 미국 돌아가는 풍경

2020 MAY 29

풍경 1. 미니애폴리스 경찰서 습격

저항하기를 멈춘 흑인 용의자의 목을 무릎으로 눌러서 죽인 미니애폴리스 경찰에 항의해서 폭동이 일어났다. 도시 곳곳이 불에 타고 상점을 약탈 중이다. 폭동이 워낙 대규모라서 직접적인 피해도 크지만 코로나 바이러스가 이 지역에 급격히 퍼질 것으로 예상된다. 1980년대에 만든 미래 영화를 보는 듯하다.

풍경 2. 트위터 vs. 트럼프

그저께 트위터에서 가짜 뉴스를 퍼뜨리다가 팩트 체크 버튼을 받은 트럼프가 이번에는 주 방위군을 보내겠다는 트윗을 하면서 폭력을 미화하는 발언을 하는 바람에 숨기기 처리를 당했다. 굳이 그 트윗을 보려면 버튼을 눌러야 한다.

'이제껏 어떤 소셜 미디어도 이렇게 용감한 적은 없었다'는 평가가 나올 만큼 과감한 조치다. 트럼프가 '발언의 자유를 억압한다'면서 트위터를 겨냥한 대통령령을 발표한 날 일어난 일이다. 트럼프가 가장 애지중지하는 지지자들과의 소통 창구이자, 오는 대선에서 사용할 무기인 트위터가 백악관을 상대로 전쟁을 선포한 셈.

페이스북에 '트럼프가 대단하다고 생각한다'는 감탄류의 댓글을 남기는 사람들이 있다. 훌륭한 통치를 하는 게 어렵고 대단한 일이지 권력자가 제멋대로 권력을 휘두르는 것은 대단할 게 하나도 없다. 손에 든 칼로 훌륭한 요리를 하는 게 어려운 일인가, 아니면 사람들에게 성질부리며 닥치는 대로 휘두르는 게 어려운 일인가.

## 폭동

2020 MAY 30

폭동이 전국으로 확산되고 있다. 심지어 백악관 앞에도 시위대가 몰리는 바람에 경호대가 위험을 느끼고 백악관을 봉쇄했다.

코로나19 사망자가 10만 명을 돌파할 때 트럼프는 골프를 치고 있었고, 언론사, 소셜 미디어와 싸우는 것이 21세기 최악의 난국을 헤쳐 나가는 일보다 더 중요하다고 생각하는 사람이다. 어쩌면 이렇게 2016~2017년의 한국을 보는 것 같은지. 부패하고 무능한 정권은 하나같이 닮은 꼴이다.

## 소셜 미디어와 섹션 230

트위터의 CEO 잭 도시가 트럼프의 투표와 관련한 가짜 뉴스 트윗에 팩트 체크 버튼을 달고, 폭력을 미화하는 발언을 감추기 처리한 것은 용감한 행동이기는 하지만 동시에 정치적 선택이기도 하다. 트위터를 애용하는 트럼프가 문제의 발언을 한 것은 이번이 처음이 아니기 때문이다. 사람들은 트위터가 일반 사용자들의 증오 발언은 바로 삭제하면서 트럼프의 발언은 왜 내버려 두느냐고 몇 년째 항의했지만 트위터는 꿈쩍하지 않고 버텼다. 그러다 이번에 방향을 바꿔 '원칙'을 적용하기로 한 것이다.

물론 트럼프가 그동안 트위터로 'n-word(비하 발언)'를 사용한 것도, 누구를 죽이겠다고 위협한 것도 아니다(그런 표현을 하다가 고발되면 삭제된다). 첫 번째로 문제가 된 트럼프의 부재자 투표 관련 발언은 많은 언론과 전문가가 사실과 다르다고 하는 주장을 트럼프가 했기 때문에 '논란(disputed)'이 된 주장이고, 그래서 다른 의견도 들으라고 버튼을 단 것이다. 그런데 그걸 가지고 트럼프가 화가 나서 대통령 명령을 끄집어냈다.

문제는 그가 대통령령으로 삭제하려는 문제의 조항, 통신품위법 230조(Communication Decency Act Section 230)가 사실 트럼프의 의도와는 반대로 작동하는 조항일 거라는 데 있다. 내가 기사를 잘못 읽었나 싶었다. 230조는 인터넷에서 플랫폼을 운영하는 기업이 그 플랫폼에 올려놓은 콘텐츠에 책임이 없다는 일종의 면책권이다. 우리가 아는 인터넷 비즈니스는 사실상 이걸 기반으로 탄생했다고 할 만큼 유명한 법적 근거다. 소셜 미디어나 플랫폼에 사용자들이 올려놓은 걸로 기업이 고소를 당하기 시작하면 장사를 하기 힘들다는 게 그 이유다. 문제의 발언은 그걸 한 사람의 책임이지 마이크를 제공한 플랫폼은 책임이 없다는 것이다.

이게 플랫폼의 비즈니스 모델에 도움을 준다. 언론사와 플랫폼은 똑같이 광고로 수익을 내는데, 전자는 230조로 보호받지 않고 플랫폼만 보호를 받는 것이다. 따라서 플랫폼은 온갖 자극적인 영상과 발언이 난무하고, 그걸로 방문자를 끌어모아 돈을 벌어도 '내용은 내 책임이 아니다'라고 주장할 수 있다.

그리고 그렇게 막강해진 플랫폼은 언론사의 수입을 가져가면서 (적어도 미국에서는) 언론사의 문을 닫게 했다. 책임 있는 언론이 문을 닫은 세상에서 언론의 역할을 하는 건 소셜 미디어인데, 여기에는 아무런 필터도 책임도 없다. '소셜 미디어가 민주주의를 망친다'는 말은 여기에서 나왔다(얼마 전에는 마크 저커버그가 페이스북의 알고리듬이 사회 분열을 부추길 위험이 있다는 내부 연구 보고서를 보고도 묵인했다는 기사가 나왔다).

소셜 미디어 기업이 먹고사는 근거가 된 230조를 공격하는 건 트럼프가 처음이 아니다. 사실 이 조항은 민주당, 공화당 모두에서 공격받고 있다. 민주당의 시각은 이렇다. 페이스북이 2016년 선거를 망쳤다. 러시아를 개입시켰고, 사회 분열을 조장했고, 트럼프를 당선시켰다. 그런데 아무런 책임도 지지 않고 돈을 번다.

트럼프와 공화당은 거꾸로 자신들의 주장이 소셜 미디어의 알고리듬에 의해 차별받고 있고, 그래서 확산되지 않고 억제된다고 주장한다. 물론 트럼프 지지자들이 가짜 뉴스를 전달할 가능성이 높으니 어쩌면 당연한 일이겠지만, 본인들에게는 그게 진실이니 진실을 억누른다는 논리가 성립하는 것이다. 그래서 230조 내용을 바꿔 플랫폼 보호를 없애고, 플랫폼이 편견이 담긴 알고리듬으로 보수의 목소리를 억누르는 걸 막겠다는 것이다(한국에서도 많이 듣던 소리처럼 들린다면, 맞다).

그런데 문제가 있다. 만약 무작정 230조의 보호를 없애면 소셜 미디어가 트럼프의 말을 사정없이 삭제할 수 있다. 트럼프의 위협과 가짜 주장을 실어 날랐다고 사람들이 트위터와 페이스북의 책임을 물을 것이기 때문이다. 그 조항이 없으면 페이스북, 트위터는 뉴욕타임스와 다를 게 없다. 더 철저하게 콘텐츠 관리를 하지 않으면 안 된다. 내가 트럼프가 그 조항을 들먹이는 걸 이상하게 생각한 이유가 그거다. 자기 발등을 찍는 결과가 나올 수 있기 때문이고, 많은 사람들이 그걸 지적한다.

물론 트럼프의 보좌관들은 트럼프에게 유리하게 플랫폼을 길들이는 쪽으로 그 조항을 손보는 방법을 찾아냈다. 특히 230

조 C항에서 선한 의도로 공격적/모욕적인 내용을 포스팅하는 것을 막는 데 법적책임을 묻지 않는다고 했는데, 이 부분을 수정해서 편견이 개입된 콘텐츠 차별은 소송 대상이 되게 하고, 그런 항의가 있으면 FCC가 조사를 하게 하는 것이다. 그래도 결국 이 명령은 결국 법원에 가서 판결을 받게 될 거다. 그런데 이게 트위터의 실책일까? 잭 도시와 저커버그의 반응은 여기에서 갈린다. 도시는 이제껏 취해 온 중립적인 태도를 버리고 트럼프의 트윗에 제재를 가했고, 저커버그는 "우리는 진실의 결정자가 될 수 없다"며 트위터의 결정에 반대했다.

이 두 사람이 사업가라는 걸 잊으면 안 된다. 둘 중 누구도 영웅이 아니고, 민주주의 수호는 그들의 목표가 아니다. 내가 보기에 그 둘은 판세를 다르게 읽고 있을 뿐이다. 둘 다 현 상태의 섹션 230을 보호하고 싶지만, 현재의 혼돈스러운 정국에서 판단을 다르게 한 것뿐이다. 트위터는 원칙에 따른 적절한 제재를 해야 장기적으로 섹션 230을 유지할 수 있을 거라고 생각한 거고, 저커버그는 민감한 사안은 무조건 건드리지 않는 게 상책이라고 판단한 듯하다. 둘의 스타일 차이일 뿐, 이들은 결국 영리를 목적으로 하는 기업의 CEO다.

그럼 누구의 판단이 맞을까? 아마 저커버그의 판단이 맞을 것이다. 페이스북이 우연히 1위가 된 게 아니다. 하지만 도시의 계산은 다를 수밖에 없다. 트럼프가 가장 애용하는 소셜미디어이고 가장 직접적인 피해와 압력을 받는 게 트위터이기 때문이다. 저커버그는 대결을 선택한 도시가 밉겠지만, 트럼프가 페이스북을 가장 애용한다면 아마 그도 계산이 달라질지 모른다.

## 너나 잘하세요

2020 MAY 31

미국이 홍콩의 자유를 억압하는 중국을 비난하자 중국 외무부 대변인이 'I can't breathe'라는 트윗으로 조롱했다. 미국 대통령이 자국 시위대를 깡패라 부르면서 중국이 홍콩 시위대를 무력 진압하는 걸 나무라는 게 웃기는 노릇이니까. 국제적 영향력은 군사적 힘으로 얻는 게 아니다. 자신의 행동으로 다른 나라들에 존중과 인정을 받아야 한다.

지금 미국은 스페인 독감 팬데믹, 대공황, 그리고 1968년의 폭발적인 인종·사회 갈등이 한꺼번에 일어나는 것 같은 상황이다. 한 조사에서 미국인의 4분의 1이 자신 혹은 함께 사는 가족이 직장을 잃었다고 답했다. 믿어지나? 1968년에 마틴 루터 킹이 암살당한 직후 지금과 똑같이 미국의 거의 모든 도시에서 폭동, 약탈, 방화가 일어났다. 심지어 워싱턴 D.C.에 탱크가 진입했을 정도다.

마침 그해에도 대통령 선거가 있었다. 아무도 흑백의 갈등을 치유할 수 없을 것 같았던 그때 돌풍을 일으킨 후보가 JFK의 동생 로버트 케네디(RFK)였다. 흑인이 인정하는 유일한 백인 정치인이었고, 킹 목사 이후 사실상 그의 횃불을 이어받은 사람이었고, 흑인을 싫어하고 그들의 폭동에 분노하는 인디애나 백인 유권자에게 흑인과 인디언들의 고통을 이야기해 동의를 이끌어 낸 놀라운 후보였다. 사람들은 그가 형이 못한 일을 해낼 거라고 생각했다.

하지만 민주당 대선 후보가 되는 것이 확실해진 순간 그도 암살을 당했다. 미국의 진보 세력에 1968년은 가장 가슴 아픈 해다. 킹 목사와 RFK를 모두 잃었기 때문이기도 하지만, 그해에 결집된 사회 진보의 에너지가 산산조각 나 버렸기 때문이다(그리고 그해 말, 권력 남용의 상징이 될 리처드 닉슨이 당선되었다).

나는 얼마 전에 1968년 RFK의 선거운동을 다룬 책 〈라스트 캠페인〉의 번역을 마쳤다. 번역하는 내내 든 생각은 '흑백 갈등과 빈민의 문제를 해결할 수 있었던 마지막 기회를 놓친 후 미국은 영원히 1968년에 멈춰 있다'는 것이다. 책에서도 언급하지만 그때 RFK가 하던 주장이 오늘날 미국 사회에도 고스란히 적용된다는 게 미국의 비극이다.
살면서 보니 사회의 에너지가 응축될 때가 있다. 계속 분열되다가 어느 순간 큰 흐름이 바뀌면서 절대다수가 목표에 동의하는 극적인 돌파구가 마련되는데, 그걸 놓치면 다시 수십 년이 걸린다. 마치 먼 길을 달려왔는데 목적지에 거의 다 와서 고속도로의 출구를 놓치는 것 같은 허망한 일이다.
그 책은 에너지가 모이는 게 어떻게 가능했는지 몇 달 동안의 과정을 통해 보여 준다. 그리고 마지막에 역사의 장난처럼, 혹은 필연처럼 그 에너지가 어떻게 산산이 흩어질 수 있었는지도 보여 준다. 미국은 그때 실패 이후로 영원히 1968년을 살고 있다.
2020년이 그 저주에서 벗어나는 기회가 되기를 간절히 기원한다.

## ✸ 마크 저커버그가 죽었다고? 2020 JUN 2

이제는 밈(meme)도, 온라인에서의 농담이나 장난도 회전 주기가 빨라져 하루 이틀 동안만 확 퍼졌다가 사라져 버리는 일이 쉽게 일어난다. 그렇게 짧은 유행을 만나면 누구나 어리둥절하게 된다. 그게 무슨 소린지 알아듣고 웃을 수 있느냐는 언어의 문제도, 상식의 문제도 아니다. 그게 탄생하는 순간에 그 자리, 그 문맥 속에 있었느냐만 중요하다.
마크 저커버그가 죽었다는 내용의 댓글이 쏟아지는 걸 보고 사람들이 놀란 게 바로 그런 상황이다.

## ✸ 얻기는 힘들지만 잃기는 쉽다

BLM 시위대가 백악관 입구에 도착했다. 2016년 광화문에 모여 청와대로 가려던 한국 시민들이 생각난다. 여기서 얻을 수 있는 교훈은 민주주의는 아주 약하고 쉽게 깨지는 제도라는 사실이다.

> 민주주의는 깨지기 쉽다. 얻어 내기는 힘들지만 잃기는 쉽다(Democracy is a fragile thing. It is hard earned, but easily lost).
> — 수전 D. 페이지, 미국 남수단 대사

> 진정한 민주주의는 이룩하기 어렵고, 얻어 낸 후에도 쉽게 깨진다(Genuine democracy is difficult to

achieve and once achieved, fragile).

— 코스티카 바라탄, 철학자, 교수

20세기까지만 해도 민주주의는 인류가 진입(해야)하는 어떤 '단계'라고 생각했다. 그런데 21세기에 들어 깨달은 건, 이 민주주의가 다른 제도와 달리 불안정한 화학물질과 같아서 특별한 조건을 꾸준히 유지하지 않으면 바로 증발하거나 성질이 변한다는 사실이다.

99년 전, 오클라호마 털사에 부유한 흑인 상업지구가 있었다. 블랙 월스트리트라는 별명이 붙을 만큼 발전한 지역이었다. 몇십 년 전만 해도 노예였던 사람들이 상점 주인이 되어 경제활동을 하고 있으니 백인 눈에 얼마나 꼴 보기 싫었을까.

백인의 시기심은 결국 말도 안 되는 사건으로 폭발했다. 한 빌딩의 엘리베이터를 조작하는 안내양으로 일하던 17세 백인 여성의 팔을 흑인 남성이 잡은 사건이었다. 낡은 엘리베이터가 흔들리는 바람에 균형을 잃은 흑인 남성이 자기도 모르게 옆에 서 있던 여성의 팔을 잡은 건데, 이 여성이 소리를 지르며 뛰쳐나가면서 큰 사건이 되었다. 대단한 일이 아니었고 이 여성도 흑인 남성의 처벌을 원하지 않았다.

하지만 흑인을 꼴사납게 보던 털사의 백인들 생각은 달랐다. 총을 들고 무장한 백인들이 흑인 상업지구를 습격해 무려 이틀 동안 살인과 방화와 약탈을 저질렀다. 알려진 것으로만 26명의 흑인과 10명의 백인이 죽고, 800여 명이 부상을 당했다. 1만여 명이 집을 잃었고, 35개 블록, 1,256채가 불에 탔다. 그리고 무엇보다 이제 막 꽃을 피우며 성장하던 건강한 흑인 경제가 하루아침에 흔적도 없이 사라졌다. 그리고 그 사건은 사실상 역사에서 사라졌다.

그러다가 이 사건이 다시 조명되기 시작한 건 최근 일이다. 이제야 이 문제에 관련된 책이 나오고, 다큐멘터리가 제작되고 있다.

흑인은 게으르고 일을 하지 않는다는 편견은 익히 들어 알고 있고 나도 어릴 때는 그렇게 생각했다. 그런데 일본이 조선을 점령해 산업을 모조리 빼앗아 허드렛일만 할 수 있는 차별 상황에서 '조선인은 타고나기를 게으르다'고 했을 때 그 말이 과연 맞을까? 눈앞에 보이는 조선인이 하나같이 일본인 기업가가 시키는 일을 제때 안 하고 게으름을 피우고 있으니 '국민성이 저래'라고 해도 틀린 말이 아니라고 했을 거다. 많은 사람이 그렇게 믿었으리라. 당시에 그런 기록이 많았다고 한다. 하지만 한국인이 주인 될 기회가 생겨 자립을 하고, 스스로 민주국가를 이룬 후 수십 년이 흐르니 어떤가? 그때 열심히 일하지 않은 게 국민성 때문인가, 아니면 그런 상황에 놓였기 때문인가? 일해도 내가 돈을 벌지 못하고 처지가 나아지지 않으면 누구나 그렇게 된다. 사장이 되면 출근이 즐거운 법이다. 흑인은 조직적으로 차별받았고, 지금도 그렇다. 그런데 그런 모든 어려움을 무릅쓰고 흑인의 월스트리트를 만들어 내자 백인이 몰려들어 무법적인 학살과 약탈로 그들의 재산과 생명을 빼앗았지만 처벌은커녕 제대로 조사도 하지 않았다.

생각해 보라. 털사의 블랙 월스트리트가 꾸준히 성장했으면 전국적으로 얼마나 많은 흑인 경제에 재투자하며 경제를 키웠을지. 그랬을 때 백인을 비롯해 우리 모두가 흑인에 대해 가진 선입견을 얼마나 바꾸었을지. 그러나 이제 역사적 가정에 불과한 것이 되었다. 과연 오클라호마뿐이었을까? 왜 백인은 좋은 동네에 살고 흑인은 가난한 동네를 벗어나지 못할까? 구글에서 'Redlining'을 검색해 보면 안다. 백인이 얼마나 철저하게 흑인을 경제활동과 이윤에서 배제해 왔는지.

미국 백인은 정말 잘산다. 크게 노력한 것 같지도 않은데 집안이 다 여유가 있다. 그렇다 보니 경제적 모험을 할 수 있다. 사업을 해도 백인의 세상이니 서로 투자하고 도와주고, 망해도 집안이 넉넉하니 굶어 죽을 걱정 없이 대학을 중퇴하고 모험을 할 수 있다. 그러다 성공하면 갑부가 되기도 한다.

그런 '넉넉한 배경'엔 백인이 사는 동네의 꾸준한 집값 상승으로 인한 무임승차가 있다. 대단한 저택은 아니지만 자녀들을 중산층으로 만들고, 상류층으로 올라가게 한 결정적인 안전망이 되어 주었다고 한다.

흑인이 상점을 약탈하고 불을 지른다고? 백인은 할 말 없다. 그들이 지은 원죄가 있기 때문이다. 백인도 안다. 모르는 백인도 있지만, 이제는 많은 백인이 안다. 그리고 세상은 하나도 바뀌지 않았다.

지난주에 센트럴파크에서 불법으로 개를 풀어놓은 백인 여성에게 흑인 남성이 좋은 말로 개를 묶어 달라고 하자, 여성이 경찰에 전화해서 "흑인 남자가 나를 위협한다"고 가짜 신고를 하는 장면이 유튜브에 돌았다. 1921년과 달라진 게 있을까?

흑인은 그런 세상에서 산다. 흑인 여성과 결혼한 뉴욕시 시장도 아들이 10대가 되면 '너는 밖에서 조심하지 않으면 경찰의 총에 맞는다'는 교육을 시켜야 하는 곳이 미국이다. 흑인 아들을 둔 부모는 으레 그런 교육을 시킨다고 한다.

이 모든 걸 모르면 흑인을 욕할 수 있다. 1980년 서울에 살던 많은 사람들이 광주 시민을 욕했다. 깡패들이라고. 정말이다. 어쩌겠나? 방송이 전부 거짓말을 하니 알 도리가 없는데. 법과 질서? 2016년 광화문에서 한 시위? 황교안에 따르면 불법이었다. 당신이 당하기 전까지는 법과 질서가 중요하다. 당신이 당하기 시작하면? 화염병을 들고 썩은 세상과 썩은 법을 고치고 싶어진다.

광주가 당하는 일을 모르고 그들을 욕했던 서울 사람들의 경험에서 우리는 교훈을 얻어야 한다. 눈앞이 아무리 분명해 보여도 내가 모르는 사실이 있을 수 있다. 남의 사정을 모르면 겸손하게 뉴스를 열심히 찾아 읽고 배우는 게 훌륭한 자세다. 혹인 함부로 욕하지 마라.

## 안티테제

트럼프 행정부에서 첫 국방부 장관을 지낸 짐 매티스가 “내 인생에 미국을 단합하려고 하지 않는 대통령은 트럼프가 처음”이고, 그가 헌법을 비웃고 있다고 비판했다. 끝이 보이는지 조력자들이 하나둘 손절을 시작하는 분위기다.

세계의 정상 중에 트럼프 안티테제가 존재한다면 뉴질랜드의 총리 저신다 아던 아닐까? 70대 남성이 아닌 30대에 행정부 수장이 된 여성. 트럼프가 교회에 나가지도 않으면서 성경을 들고 교회 앞에서 사진 찍는 것과 달리, 저신다 아던은 모르몬교 집안에서 태어났지만 성소수자를 죄악시 한다는 이유로 종교를 버리고 불가지론자 선언을 했다고 한다. 에어포스원을 타고 다니며 골프 치고 세금 낭비하는 누구와 달리 자신의 봉급을 20% 삭감했고, 사람들 거느리고 다니기 좋아하는 트럼프와 달리 작은 전기차를 직접 몰고 다니며, NRA(미국총기협회)와 결탁하는 미국 정치인들과 달리 총기 사고가 나자마자 공격용 소총 소지를 불법화했다.

총리가 된 후 아이를 낳은 건 유명하지만, 결혼은 하지 않았고 남자 친구와의 사이에서 낳은 아이다. 남자 친구와는 나중에 약혼했다.

트럼프가 욕을 먹을수록 이 사람에게 관심이 가는 건 당연하다. 스티븐 콜베어가 뉴질랜드를 방문해 인터뷰를 하는 시리즈를 작년에 방송했는데 공항에 그를 픽업하러 나온 총리의 차에 올라타서 “운전하시면서 인터뷰해도 괜찮으냐”고 물으니 돌아온 대답이 위트 넘친다.

“그럼요, 난 여성인걸요. 멀티태스킹은 기본이죠(I’m a woman; I multitask).”

## 벙커보이

2020 JUN 5

결국 트럼프가 백악관 주변 2마일을 둘러싸는 높은 펜스를 세웠다. "(멕시코와의 국경에) 장벽을 세우라(Build that wall)!"며 당선된 대통령이 결국 미국 국민에게서 자신을 보호하기 위해 집 주변에 장벽을 세우는 결정을 한 것이다.

이미지는 중요하다. 특정인의 정체성과 잘 맞는다고 여겨지는 이미지는 그 사람을 설명하는 스토리를 바꾸고, 사람들의 뇌리에서 좀처럼 떠나지 않기 때문이다. 트럼프가 벙커보이라는 별명에 민감한 이유는? 시위대가 근처에 왔을 때 백악관 벙커에 내려가기는 했는데 '시찰하러 간 거'라는 턱도 없는 핑계를 댄 것은 미국인들 뇌리에 박힌, 벙커에 내려가 숨어 있다가 끝난 리더는 히틀러이기 때문이다.

듀크 대학교 사회학과 교수 키어란 힐리는 백악관의 펜스를 두고 이렇게 말했다.

"자만심 많고 상황 파악 못하고, 분노한 남자가 마침내 자신이 세운 펜스와 장벽에 둘러싸인 채 불 꺼진 백악관에서 홀로 벙커에 남겨진 모습은 트럼프 임기 마지막 순간에 잘 어울리는 이미지다(A fitting image to mark the end of this presidency. A vain, confused, furious man alone in a bunker, under a darkened White House, surrounded—at last—by his fence and his wall)."

## 트럼프의 딜레마

2020 JUN 8

2012년 공화당 대선 후보였던 밋 롬니가 오늘 기독교인 1천 명과 함께 워싱턴 D.C.를 행진하는 시위를 했다. 공화당 중진 중 트럼프를 찍지 않겠다는 의사를 밝히는 사람이 늘어나고 있다는 뉴욕타임스의 보도가 나온 다음 날이다. 트럼프는 그 기사를 의식한 듯 "공화당 내에서 내 지지율이 96%"라고 주장하는 트윗을 하자 사람들이 "누가 지지율을 자기 당 내에서 계산하냐"고 비웃었다.

게다가 트럼프가 백악관 주위에 세운 높은 펜스에 사람들이 조지 플로이드를 추모하는 메시지를 붙이기 시작해서 이제는 트럼프의 장벽이 추모의 장벽으로 변해 버렸다.

백악관 입장에서 몹시 난감한 것이, 장벽을 치우려면 메시지도 다 떼어 내야 하는데, 그 모습이 카메라에 잡히면 몹시 안 좋은 이미지가 연출될 게 분명하다. 이제는 장벽을 놔둬도 욕먹고, 치워도 욕먹는 상황. 뭐, 그런 게 원래 민주주의 아니겠는가.

## ✸ 매일매일이 새로운 역사 2020 JUN 10

스트리밍 서비스 회사인 HBO 맥스가 남북전쟁을 남부인의 시각으로 보고, 고정관념에 따른 흑인 묘사 등으로 비판받은 영화 〈바람과 함께 사라지다〉를 라인업에서 제외했다. 그뿐 아니라 경찰을 미화하고 용의자에 대한 편견을 심어 주는 것으로 꾸준히 지적되어 온 〈캅스(COPS, 경찰이 실제로 용의자를 체포하는 장면을 보여 주는 케이블 TV의 리얼리티 쇼)〉가 드디어 폐지되었다.

그동안 비판에도 버텨 오던 것들이 무너지고 있는 것이다. 심지어 미시시피주에서는 과거 남군 깃발이 삽입된 주 깃발을 교체할 의사를 밝혔다. 오래도록 밀린 숙제처럼 남아 있던 역사가 정리되고 있다. 봇물이 터지는 듯한 느낌이다. 매일매일 새로운 역사를 쓰고 있다.

## ✸ 희망이 보인다

요즘 방송에 잘 등장하지 않는 파우치 박사가 인터뷰를 했다. 자신은 평생 HIV를 연구했는데, 코로나19에 비하면 HIV는 아주 단순한 거였단다. 코로나19는 자신의 최악의 악몽이 현실이 된 것이라는 말도 했다.

그리고 코로나 바이러스가 어떻게 몸을 공격하는지, 또 이 질병을 심하게 앓은 사람들이 완전히 회복할지도 여전히 의문이라고 했다(결론: 단순한 질병이 아니다. 의학자들도 아직 모르는 게 많다).

희망적인 대목은 파우치 박사 생각에 제약업계가 선전하고 있기 때문에 여러 종류의 백신이 허가받을 것 같고, 치료제도 마찬가지라는 것이다. 모더나 백신은 7월에 3만 명을 대상으로 임상실험에 들어간단다.

2020년 12월에 화이자 백신에 이어 모더나 백신도 FDA에서 비상 사용 승인을 받고 접종을 시작했다. 2~3년이 걸릴 수 있다던 백신 개발이 이렇게 빨리 끝난 건 연구자의 희생과 현대 과학의 힘 덕분이다.

## 시스템과 개인

2020 JUN 12

조지 플로이드 살해에 가담한 경찰 중 하나가 보석금을 내고 유치장에서 나왔다. 이를 두고 논쟁이 벌어졌는데, 양쪽 다 들어 볼 만한 주장이다.

— 찬성: 이 경찰관은 업무에 투입된 지 일주일 만에 이 일에 말려들었다. 경찰 조직 내에서 '신입(new guy)'이 할 수 있는 게 얼마나 되나? 그런데 이 사람은 다른 경찰관들을 떼어 놓으려는 시도는 했다. 하지만 고참들에게 명령할 수 있을까? 어느 정도 선처를 해줘야 한다.

— 반대: 이 사람이 경찰이 된 지 일주일밖에 안 되었다는 게 방어 논리가 되어서는 안 된다. 경찰관이 된 순간 공공의 안전을 보장할 준비를 완벽하게 마쳐야 한다. 신참이라 처신을 잘 못했을 수 있다 해도 그건 미국의 경찰 제도가 제대로 작동하지 않는다는 증거이지, 이 사람에게 선처를 베풀어야 할 근거는 아니다.

잘못된 시스템 안에서 개인의 책임을 어느 정도 물어야 하는지에 대한 문제는 나치 독일 이후 꾸준히 등장해 왔다. 저런 사람을 어떻게 처벌하느냐와 별개로 '나'라는 개인이 비슷한 상황에 처할 때 조직 뒤에 숨을 수 있다고 생각해서는 안 된다. 아무도 내 변명을 들어주지 않을 거라 생각하고 스스로 도덕적 판단을 내리는 수밖에 없다.

## 타인의 시선

2020 JUN 16

예전에 한 아시안계 미국 코미디언이 "왜 동아시아 사람들이 날씬한 줄 아느냐"면서 그 이유를 아주 정확하게 얘기했다. "체중이 몇 파운드만 늘어도 아시아에서는 '야, 너 요즘 살쪘다'고 면전에서 지적해 버린다. 그런 사회에서 살찌기 힘들다." 한국 사회의 코로나 대처법 핵심은 공개적 망신 주기(public shaming)다. 공개적으로 환자를 지적하는 것도 모자라 언론도 대대적으로 무책임한 인간으로 몰아 간다. 그런데 그 방법이 정말 효과가 있을까? 아니라고 본다. 이태원 클럽이 좋은 예다. 게다가 SNS에서 읽은 어떤 사람의 주장대로, 열이 좀 있는 것 같아서 며칠 빠지겠다고 할 수 있는 직장이 한국에 얼마나 될까? 코로나 환자라고 소문도 날 테고. 결국 병에 걸린 사람만 몹쓸 인간이 되는 거다.

## 21세기에…

2020 JUN 19

중국과 인도 정규군 간 국경 분쟁이 몽둥이와 돌싸움이었다는 뉴스를 읽으면서 딱히 설명하기 힘든 절망감 같은 게 들었다.

# 비욘드

2020 JUN 25

뉴저지가 이번 주부터 미용실 영업을 허용해 3월 이후 처음 머리를 잘랐다. 내 생애에 이렇게 오래 이발 안 하기는 처음인 것 같다.
지난 주말에는 멀리 가는 길에 던킨도너츠에 들러 드라이브스루로 샌드위치를 사 먹었다. 별생각 없이 주문했는데, 거의 다 먹은 뒤에야 그 메뉴 이름에 '비욘드'가 들어갔다는 사실을 깨달았다.
비욘드 미트(Beyond Meat)란 콩과 쌀로 만든 고기 제품 브랜드인데, 전혀 눈치채지 못했다(미국 패스트푸드점에 비욘드라는 단어가 들어간 메뉴가 있으면 비욘드 미트를 쓴 거다).
동물을 죽이지 않고 사는 세상에 조금씩 가까워지는 듯.

대체육 시장에 대한 관심은 코로나 바이러스의 확산과 무관하지 않다. 미국에서는 육가공업체의 공장이 코로나19로 문을 닫는 바람에 미국인이 좋아하는 육류 공급에 차질을 빚었고, 많은 사람이 현재와 같은 대량 사육을 통한 육류 확보가 궁극적으로 감염병으로 이어진다는 생각을 하게 되었기 때문이다.

# 에스코트

2020 JUN 27

최근 들어 트럼프가 재선에 실패할 거라는 예감이 제법 강하게 들기 시작했다.

1. 재선을 노리는 현직 대통령이 이렇게 지지율이 낮은 적은 근래에 없었다. 심지어 재선 참패의 상징인 지미 카터도 지금의 트럼프보다는 높았다고 한다.
2. 트럼프가 2016년에 승리했던 격전지에서 거의 모두 바이든에 뒤지고 있는데, 그 차이가 점점 벌어지고 있다.
3. 물론 지난 대선에서도 힐러리가 이기는 것으로 조사되었다가 트럼프가 뒤집었기 때문에 조심스럽지만, 그때 실패한 경험으로 현재 조사는 격전지 여론조사를 크게 개선했기 때문에 2016년만큼 오차가 나지 않을 거라고 한다.
4. 바이든은 사람들을 열광시키는 후보가 아닌데, 반대로 아주 싫어하는 그룹도 많지 않다는 사실이 트럼프에게 가장 치명적이다. 트럼프가 바이든을 조롱해도 중도 백인은 힐러리 때와 달리 바이든을 나쁘게 생각하지 않는다.
5. 특히 트럼프의 열렬한 지지층인 백인 노년층이 돌아서는 경향이 뚜렷하다. 이 그룹은 힐러리를 싫어했지만, 바이든은 나이 든 백인 남성이라 싫어할 이유가 없다. 코로나19에 가장 취약한 연령이라 트럼프의 업무 수행에도 민감하다.
6. 사실 트럼프 본인도 2016년에 승리를 거둔 것을 의아하게 생각했는데, 여기에는 페이스북과 트위터의 역할이 컸다. 페이스북은 아예 직원을 보내 선거운동 홍보 전략을 도왔고, 트럼프는 트위터에서 아무 소리나 할 수 있었다. 하지만 올해 상황은 달라져서 트위터는 트럼프를 제재하기 시작했

고, 버티던 페이스북도 사회적 압력을 받은 광고주들의 보이콧과 시민의 감시로 행동을 바꾸었을 뿐 아니라, 케임브리지 애널리티카(페이스북 가입자들의 프로필을 동의 없이 수집해 정치 광고에 동원해 문제가 된 기업) 같은 이득을 볼 수 없기 때문에 '차포를 뗀' 상태로 붙게 될 것으로 보인다.

7.   결정적으로 트럼프가 재선되어야 하는 이유, 혹은 명분이 없다. 트럼프 선거운동 본부에서도 답을 내놓지 못하고 있다. 멕시코 국경에 장벽을 세워야 한다거나, 중국과 무역 전쟁을 하자거나 하는 주장으로 당선된 트럼프에게는 4년 동안 기회를 줬고, 결과는 보잘것없었다. 반면 나라가 최악의 상황에 처했으니 바꿔야 한다는 논리를 내세운 바이든은 아주 쉬운 명분을 갖고 있다.

이 모든 것을 종합해 봤을 때 이번 선거는 2016년과 크게 다를 가능성이 높다. 일각에서 나오는 '민주당 싹쓸이' 가능성까지는 모르겠지만, 백악관의 주인을 바꾸는 일은 충분히 가능한 것으로 보인다.

그런데 많은 사람들이 우려하는 것처럼 트럼프가 선거가 조작되었다고 주장하면서 (벌써부터 그런 주장을 하고 있다) 백악관에서 나오지 않으면 어떻게 할까?

바이든의 답: "병력을 동원해 데리고(escort) 나올 것."

한때 우리나라도 이 걱정을 잠시나마 했더랬지.

다행히 트럼프를 백악관에서 끌어내기 위해 병력을 사용하는 일은 없었다. 하지만 부정선거를 주장하는 트럼프의 명령에 따라 지지자들이 의회를 공격한 후 바이든 취임식 때 엄청난 수의 병력을 의회 주변에 배치해야 했다.

# 기술이 필요한 곳

2020 JUN 28

애플 iOS14의 기능 중 놀라운 디테일은 그룹 화상통화를 할 때 말하는 사람을 큰 화면으로 보여 주는 기능을 수화에도 적용해, 그룹 중 한 사람이 수화를 시작하면 그 사람이 큰 화면으로 이동한다는 것이다. 그리고 이건 원래 있었던 것 같은데 개 짖는 소리, 사이렌 등 청각장애인이 놓치면 안 되는 중요한 소리를 체크해 두면, 그런 소리를 감지하는 순간 화면으로 알려 준다. 비장애인은 굳이 개발의 필요를 느끼지 않았겠지만 장애인에게 필요한 것들은 애써서 개발하고 있다.
어떻게 개발이 시작되었을까? "이거 AI로 가능하지 않나요?" 하고 조직 내에서 누군가 제안을 한 거다. 누가 제안했을까? 개발 팀에 장애인을 포함시켰기 때문에 가능한 건지, 아니면 장애인 커뮤니티에서 꾸준히 피드백을 받기 때문인지, 애플의 개발 프로세스를 알고 싶다.
물론 프로세스만으로 해결되는 게 아니다. 거기에 자원을 투자해야 한다는 합의가 그 조직에 있는 거다. 신체 건강한 중년 남성을 기준으로 설계하는 한국 사회가 좀 배웠으면 하는 게 이런 점이다.

한국의 전자 제품은 세계 최고라는 이야기를 쉽게 듣는 세상이 되었지만, 장애인 접근성은 크게 떨어진다는 지적을 받는다. 접근성 좋은 인터페이스를 만들 능력이 없어서가 아니라, 그런 프로세스 자체가 존재하지 않는 것 같다. 적어도 2020년에는 그렇게 보였다.

## 한 나라, 다른 기후

2009년에 캘리포니아로 이사한 후 난방 시설이 없는 집이 많아서 놀랐다. 우리가 살던 아파트에도 허접한 전기난로가 거실에 하나 붙어 있는 게 전부였다. 알고 보니 그나마도 쓸 일이 거의 없었다. 2014년에 동부 뉴저지로 이사한 후에는 집에 냉난방 장치가 잘 갖춰져 있었다. 그런데 올해 동북부 로드아일랜드로 이사하기 위해 집을 구하는데, 냉방 시설이 없는 집이 많아 다시 놀랐다. 같은 나라지만 기후도, 삶의 방식도 천차만별이다.

# 소셜 미디어 시대의 보이콧

2020 JUN 30

온라인 커뮤니티 레딧이 오늘 유명한 서브레딧 중 하나인 /r/The_Donald를 폐쇄한다고 발표했다. 내가 아는 한 레딧에서 가장 큰 트럼프 지지자 그룹이다. 폐쇄하는 까닭은 정치적인 이유가 아니라 그곳에 증오 발언이 넘쳐나기 때문이다. 트럼프 지지자가 모인 곳에서는 항상 증오 발언이 쏟아진다. 트럼프 본인이 증오 발언을 유도하는 인물이기 때문이다. 그런데 레딧이 정말 증오 발언이 문제라서 이런 결정을 내렸을까?

한 사용자가 이렇게 정확한 진단을 내렸다.

"광고주들이 증오 발언을 방치하는 소셜 사이트를 보이콧하기 전까지 레딧은 아무 조치도 취하지 않고 있었다(Reddit didn't do anything and waited until advertisers started boycotting social sites over hate speech)".

미국에서는 대형 광고주, 즉 기업이 압력을 받고 있다. 광고료를 받기 위해 증오 발언과 선거를 방해하는 말을 일삼는 트럼프와 그의 지지자 그룹을 방치하는 소셜 미디어에 광고를 싣지 말라는 내용이다. 포드, 아디다스, 데니스도 페이스북 광고 보이콧에 합류했다.

한국의 사회운동은 행동이 빠른 장점이 있다면, 미국의 사회운동에는 규모가 작아도 치밀하게 움직이는 조직이 있다.

# 아이들은 왜 유튜브에서 정보를 얻을까?

팬데믹과 함께 고등학교를 졸업하고 대학에 입학한 아들아이는 수업 중 절반은 마스크를 쓰고 교실에서, 절반은 기숙사에서 온라인으로 들었다. 자유롭고 정상적인 대학 생활을 하지 못하는 것이 안타깝지만, 그렇게라도 할 수 있다는 사실에 감사할 따름이다. 2021년 4월이 되자 미국에서는 대학교 캠퍼스에서도 학생들을 대상으로 접종을 시작했다. 백신 접종 가능일을 손꼽아 기다리던 아들아이는 제일 먼저 신청했다.

그런데 당일에 접종 장소로 이동하면서 나와 아내에게 전화를 했다. 존슨앤존슨(얀센)과 화이자 백신 중 선택하라고 하는데 우리 의견은 어떻냐는 거였다. "너는 어느 쪽을 선호하냐"고 물으니 자신은 한 번만 맞아도 되는 존슨앤존슨 백신을 맞고 싶다고 했다. 화이자를 선택하면 두 번째 주사는 기말고사 기간에 맞게 되어 시험 일정에 방해되어 싫다는 게 이유였다. 나는 백신마다 유효성이 차이가 있는 게 약간 걸렸지만, 그 유효성이 의미하는 바를 정확하게 모르는 상황이어서 "네가 조사해 봤을 테니 네가 결정하면 된다"고 했다. 아이는 존슨앤존슨 백신을 선택했다.

나중에 아내가 아이에게 존슨앤존슨 백신이 화이자 백신과 효능에 차이가 없다는 얘기는 어디에서 들었냐고 묻자 "유튜브에서 봤다"는 대답이 돌아왔다. 아내는 전화를 끊은 후 "어떻게 이렇게 중요한 문제를 유튜브에서 보고 결정하지?"라며 의아해했다. 유튜브의 어떤 채널을 본 거냐고 묻자 복스(Vox)란다. 아내는 뉴욕타임스나 CNN처럼 '믿을 수 있는 매체'를 보지 않은 게 불안한 눈치였다.

한국에서 뉴미디어 스타트업을 발굴·투자하는 일을 했던 나는 복스에 대해 잘 알고 있다. 그냥 아는 정도가 아니라, 복스는 내가 자주 보는 매체 중 하나였기 때문에 아들아이가 백신과 관련된 정보를 복스에서 봤다면 제대로 확인한 것임을 안다. 복스는 에즈라 클라인이라는 워싱턴포스트의 스타급 기자와 주요 매체에서 일하던 젊은 기자들이 디지털 환경에 발 빠르게 대응하지 못하는 전통적인 매체를 떠나 만든 뉴미디어의 선두 주자 중 하나다.

하지만 이들 뉴미디어는 나와 아내 같은 X세대가 아니라 밀레니얼 세대나 (우리 아이들이 속한) Z세대를 주요 독자, 시청자층으로 삼고 있다. 큰 사건이 터지면 우리보다 윗세대는 TV를 켜고, 우리 세대는 뉴스 웹사이트를 찾지만, 밀레니얼 세대 이하는 다양한 소셜 미디어를 통해 소식을 접한다. 물론 전적으로 그런 채널에만 의존하는 것은 아니고, 모든 채널을 이용하지만 봐야 안심이 되는, 최종판으로 삼는 미디어 채널이 세대마다 다르다. 아내가 백신의 유효성 같은 중요한 정보를 유튜브에서 알아냈다는 아들아이의 말을 못 미덥게 생각한 이유가 거기에 있다.

그렇다면 아내는 왜 유튜브의 정보 신뢰도가 낮다고 생각했을까? 충분히 그럴 만한 이유가 있다. 유튜브를 비롯한 소셜 미디어에는 복스 같은 신뢰할 만한 뉴미디어를 비롯해 전통 미디어 기업의 채널도 올라와 있지만, 신뢰하기 힘든 음모론자와 가짜 뉴스를 퍼뜨릴 목적으로 만든 채널도 넘쳐나기 때문이다. 이런 현상은 한국과 미국을 포함해 거의 전 세계에 동일하게 나타난다.

소셜 미디어를 이용하지만 소셜 미디어 이전에 인터넷을 기억하고, 그 시절을 살았던 세대에게는 소셜 미디어는 인터넷에 부가된 기능에 불과하고, 그들의 머릿속에는 소셜 미디어 이전에 이미 친숙해진 신뢰할 만한 미디어 브랜드가 자리 잡았다. 하지만 30대 이하 세대는 그렇지 않다. 그들은 전통 미디어와 친해질 만한 시간을 갖기 전에 많은 뉴미디어를 접했고, 그런 미디어를 친밀하게 생각한다.

이렇게 새로운 미디어가 등장해 전통적인 미디어 브랜드들과 힘을 겨루게 된 배경에는 대형 테크 기업이 만들어 낸 소위 '플랫폼'이 존재한다. 1980년대에는 미디어 회사를 차린다는 것은 쉬운 일이 아니었다. 프린트 매체라면 편집실을 갖추고, 인쇄 시설을 확보하고, 보급-판매망을 확보해야 했으며, 방송 매체라면 정부에서 주파수를 배정받고, 방송설비를 갖춰야 하는, 엄청난 돈이 들어가는 사업이었다. 몇 개의 대형 브랜드가 장악할 수 있었던 이유는 단순히 실력만이 아니라, 이런 비용이 다른 기업들로 하여금 이 산업에 쉽게 뛰어드는 것을 막는 해자(moat) 역할을 했기 때문이다.

이런 상황은 인터넷이 보급된 뒤에도 바로 바뀌지는 않았다. 거의 무한에 가까운 웹사이트 중 신생 매체가 하나 탄생했다고 해서 사람들이 찾아올 리 만무했기 때문이다. 진짜 변화는 소셜 미디어와 함께 나타났다. 주변 사람이 모두 가입했으니 나도 가입해야 한다는 사회적 압력이 만들어

낸 막강한 네트워크 효과로 사람들이 가입한 소셜 미디어 서비스는 개별 사용자가 좋아할 콘텐츠를 찾아 주는 알고리듬을 통해 선별적으로 콘텐츠를 추천하기 때문에 그야말로 '내용만 좋으면' 누구나 많은 사람에게 자신의 콘텐츠를 전달할 수 있는 세상이 열린 것이다.

전통적인 대형 미디어 기업은 어떤 뉴미디어 기업보다 막강한 제작 능력과 브랜드 파워를 갖추었지만, 그런 전통 미디어 대기업도 구글이나 페이스북, 트위터 같은 플랫폼 기업 앞에서는 작고 초라한 존재다. 따라서 작은 뉴미디어는 이런 플랫폼이라는 거인의 어깨 위에 올라타고 대형 미디어들로부터 (우리 아이들 같은) 이용자를 빼앗아 올 수 있는 것이다.

상황의 심각성을 깨달은 전통 미디어 기업은 너도나도 소셜 미디어를 비롯한 각종 플랫폼(여기에는 팟캐스트 플랫폼도 포함된다)에 채널을 만들고 뉴미디어와 개인 미디어 브랜드로 자리 잡은 인플루언서에 맞서 싸우기 시작했지만, 거대 조직의 특성상 트렌드를 빠르게 따라가는 작은 미디어 스타트업이나 인플루언서의 막강한 도달력에 미치지 못하는 경우가 대부분이다.

지난 몇 년 동안 전 세계적으로 사회를 괴롭힌 여러 문제가 여기에서 비롯된다. 이용자가 가장 좋아할 콘텐츠를 도달시켜 주는 플랫폼의 이해와 미디어 기업, 혹은 사회의 이해가 다르기 때문이다.

플랫폼 기업은 콘텐츠가 널리 확산되어야 한다는 점에서는 콘텐츠의 생산자인 미디어와 이해가 같은 듯 보이지만, 궁극적으로 미디어 기업이나 사용자가 자신의 플랫폼에서 벗어나는 것을 허용하면 안 되고, 더 나아가 돈의 흐름은 반드시 자신(플랫폼)을 통해서만 일어나야 한다는 점에서 미디어와 다른 이해관계를 갖고 있다. 이렇게 돈줄을 잡고 있기 위해서는 어떤 플랫폼 기업도 (애플도, 구글도, 심지어 페이스북도) 자신의 플랫폼에 올라탄 콘텐츠 생산자가 자신이 과세, 즉 커미션을 떼어 갈 수 없는 루트를 통해 사용자에게 돈을 받게 허용하지 않는다.

또 플랫폼에 중요한 것은 가장 잘 도달된 콘텐츠냐 여부지, 좋은 콘텐츠냐 아니냐가 아니다. 물론 좋은 콘텐츠를 낚시성 콘텐츠(clickbates)와 구분하려는 노력은 오래전부터 해 왔지만, 낚시성이 아니라고 해서 좋은 콘텐츠인 것은 아니다. 음모론에 빠진 사람이 열심히 소비하는 틈새 콘텐츠도 소비자에게는 알찬 내용일지 모르지만 그 본인과 사회에 좋은 콘텐츠라고 할 수는 없기 때문이다.

결국 사회의 이해와 플랫폼의 이해 사이 간극이 점점 커지면서 플랫폼이 점점 더 많은 돈을 버는 동안 사회는 극도로 분열되는 현상을 지난 몇 년 동안 겪어야 했고, 이 문제는 여전히 해결되지 않은 채 남아 있다. 특히 소셜 미디어의 대형 플랫폼을 가진 기업이 모인 미국에서 이 문제를 정치적으로, 혹은 입법 활동을 통해 해결해 보려 하고 있지만, 기업의 힘과 발언의 자유가 워낙 막강한 나라이다 보니 해결책은 여전히 요원하다.

하지만 정부가 해결하지 못한다고 해서 불가능하다고 생각하지는 않는다. 아들아이는 가짜 뉴스가 넘치고, 백신에 대한 근거 없는 루머가 넘치는 속에서도 좋은 매체, 신뢰할 만한 정보를 제공하는 미디어를 구분한다. 소셜 미디어를 자신들의 미디어로 생각하며 자란 세대는 좋거나 나쁜 매체를 구분하는 능력이 다른 세대에 비해 뛰어날 수밖에 없고, 이런 능력은 단순히 매체를 구분하는 것을 넘어 개별 콘텐츠에 대한 판단에도 적용된다. 사바나에 사는 동물과 열대 밀림에서 진화하고 적응한 동물의 인지 방식 차이만큼이나 뚜렷하게 구분되는 판단 능력이다.

새로운 세상은 새로운 미디어를 만들어 냈고, 그 과정에서 새로운 문제를 낳았지만, 그 세상에서 태어난 새로운 세대는 적응해 갈 것이다. 인류는 항상 그렇게 새로운 환경에 적응해 왔다. 새로운 미디어 환경도 예외가 아니다.

# 7월

JULY
AUGUST

✳

# 8월

차별과
혐오,
그리고…

## 적응만이 살길이다

2020 JUL 2

피임 기구의 대명사이던 콘돔이 프로텍션(protection), 그러니까 보호 기구라는 새로운 이미지를 얻은 건 인류가 HIV 바이러스와 함께 살면서부터다. 한국에서는 여전히 피임 도구라는 인식이 강하지만, 많은 나라에서 콘돔은 보호 기구다. 코로나 바이러스가 완전히 사라지지 않고, 백신을 맞아도 효력이 75% 정도일 것이며, 그나마 자주 업데이트하지 않으면 안 되는 세상이 되었다는 우울한 전망이 나오는 걸 보면 마스크도 우리와 영원히 같이 살 물건이 되는 게 아닌가 싶다. 제발 그런 일만은 없었으면 하지만.

화상통화 역시 그렇게 지위가 바뀌는 도구가 될 것 같다. 과거에는 직접 만날 수 없을 때 사용하는 대안이었고, 지금도 그렇게 활용하면서 인기를 끌고 있지만, 앞으로는 반드시 대면 미팅을 해야 하는 게 아니면 화상통화가 기본 소통 방식이 되지 않을까. 조금 전에도 서울의 사무실과 연결해 대화를 했는데, 직접 만나서 대화하는 것보다 더 불편하다는 느낌을 전혀 받지 못했다. 랙(lag)도 없었고, 하고 싶은 말도 다 했고, 상대방의 보디랭귀지도 다 전달되었다. 내가 그 사무실에 물리적으로 있지 않아서 못 한 건 악수뿐이다.

생각해 보면 매사추세츠의 한 호텔 방에 있는 내가 서울 사무실에 있는 사람들과 대화를 한다는 건 엄청난 일이다. 오갈 일 없이 각자 회의 시간만 내면 된다. 나는 요즘도 한국과 미국을 오가는 비행기에서 얼어붙은 시베리아를 내려다보면서 항상 '이건 기적이야' 하고 느끼는데, 화상통화는 하늘을 나는 것보다 더 기적 같은 일이다.

하지만 팬데믹이 없었으면 "박상현과 회의하려면 불편하게 화상통화를 해야 되어서 문제야"라고 했을 텐데, 이제는 모든 사람이 화상통화를 자연스럽게 생각하기 시작했다. 그런 점에서 팬데믹은 지리적, 혹은 이동상의 핸디캡이 있는 사람들에게는 훌륭한 이퀄라이저(equalizer), 즉 동등한 기회를 주는 존재다. 우리는 이 점을 간과해서는 안 된다. 모든 위기는 누군가에게 기회다. 게다가 화상통화에서는 대면 미팅을 했을 때 부차적으로 따라오는 요소가 빠진다(가령 한국에서는 같이 밥을 먹으면 커피도 마셔야 하는 일). 회의 시간이 온전히 회의에 쓰인다. 약간의 안부 인사를 나누어도 98%는 일얘기다.

한국에서는 대개 대기업이나 정부처럼 큰 조직에서 일하는 사람들과 회의를 하면 비업무적인 잡담이 길어지는 경향이 있는데, 신기하게도 줌에서는 그러지 않아서 너무 좋다. TMI(과도한 정보), 얼평(얼굴 평가), 여성 대상화 같은 실수가 대개 이런 잡담 중 일어난다는 점에서 리스크를 줄여 주는 효과도 있다.

당분간 할리우드에서 애니메이션 비중이 높아질 거라고 한다. 실사영화는 제작에 차질이 많은데, 애니메이션은 팬데믹에 의한 피해가 '한나절 정전 사태 정도의 타격'에 불과했단다. 한동안 프로세스를 정비하느라 소동이 있었지만 지금은 완벽하게 돌아가고 수요도 크게 늘어나 분위기도 좋다고. 실사영화라도 〈그래비티〉는 배우가 거의 혼자 연기를 하고 후반 작업으로 채웠고, 〈더 만달로리안〉은 로케이션이랄 게 없을 만큼 배경을 게임 엔진과 LED 배경 화면으로 처리했다. 그런데 둘 다 재미있기만 하다. 실력 있는 창작자는 방법을 찾아낸다. 이런 영화는 계속 늘어날 테고, 결국 세상은 새로운 환경에 적응할 것이다. 누가 적응에 느리고 빠르냐의 차이만 있을 뿐.

## WHO 공식 탈퇴

2020 JUL 8

하루 추가 확진자 6만 명을 돌파한 날 미국은 WHO 공식 탈퇴를 선언했다. 이제 트럼프의 재선은 불가능한 수준인 듯. 민주당이 상원까지 장악하는 게 반트럼프 진영의 새로운 목표가 됐다.

## ✸ 자살 사건을 보도하는 한국 매체의 문제 2020 JUL 9

한국에서 유명인 자살을 보도하는 방식은 1990년대 미국의 총기 난사 사건 보도 방식과 비슷하다. 경쟁적으로 스포츠 중계식 업데이트를 한다는 점에서 그렇다.

둘의 성격은 다르지만 한국의 자살과 미국의 총기 난사는 모두 문화적 현상이고, 언론에 의해 증폭된다는 점에서 아주 비슷하다. 미국은 그 후 반성을 하고 2010년대에 접어들면서 개선되는 게 눈에 띄는데, 한국에서는 아직 기사 끝에 '힘들면 도움을 찾으라'는 형식적인 몇 줄 넣는 게 전부다.

다음번에 극단적 선택을 할 사람이 지금 스포츠 중계식 보도를 보고 있다는 것을 명심해야 한다. 현재 보도하는 방식과 내용이 그 선택을 부추긴다.

게다가 실종 사건만으로도 추측 기사가 난무하는데, 이게 기자의 본업이라고 생각하면 큰 착각이다. 그건 파파라치와 트위터 사용자가 하는 일이다. 기자의 본업은 쏟아져 들어오는 추측과 소문을 검증해 독자에게 믿을 수 있는 버전, 증폭과 흥분을 막는 기사를 내는 것이다.

흥분해서 닥치는 대로 써 대면 클릭 수는 올라가지만 다 읽은 후 '기레기'라고 침 뱉는 게 독자다. 기자들의 자존감, 매체의 신뢰성은 이런 순간에 스스로 만들어야 한다.

## 미투에 대응하는 올바른 방법

2020 JUL 10

당신이 지지하고 좋아하는 남성이 미투 운동의 대상이 되었다. 한 여성이 나타나 그 남성이 아무도 없는 곳에서 자신에게 성폭력을 행사했다고 주장하고 나선 것이다. 물론 당신은 1) 그 자리에 없었고 2) 신이 아니기 때문에 그 주장의 사실 여부를 알지 못한다. 다만 당신은 고소당한 남성의 됨됨이를 잘 아는데, 그는 그럴 사람이 아니라고 굳게 믿는다. 그런데 고소를 한 여성은 어떤 사람인지 알지 못한다.

당신은 당신이 신뢰하는 남성, 즉 피고소인을 보호하고 싶다(미투 운동의 피고소인 편에 서는 건 잘못이 아니다. 누구나 자신의 편을 정할 권리가 있다. 변호인 제도가 그것이다). 그럼 당신이 제법 괜찮은 사람이라는 가정하에, 미투 운동으로 지목된 남성은 어떻게 보호해 줄 수 있을까?

우선 하면 안 되는 게 있다. 고소한 사람을 공격해서는 안 된다. 당신은 그 여성을 모른다. 그런 상황에서 이루어지는 여성 개인에 대한 공격은 인격을 살해(character assassination)하는 행위다. 남성 중심 사회는 역사적으로 여성 피해자를 공격할 때 항상 이것을 무기로 삼아 왔다. 하지만 당신은 피고인을 보호하고 싶은 것이지, 더러운 역사 속 악인이 되고 싶은 게 아니다.

당신은 그 여성이 당했다는 성폭력이 일어난 장소에 없었다. 그러면 그 여성의 증언이 거짓이라고 주장해서는 안 된다. 그건 변호사가 '증명'할 일이지, 당신이 '주장'할 일이 아니다. 따라서 고소인의 말을 거짓이라고 말하는 대신, 피고인이 그럴 사람이 아님을 믿는 이유를 설득력 있게 전달하는 게 좋다(설득력이 없을 것 같으면 아예 하지 마라).

또 제3의 기관에서 혐의를 조사한 (남성의 무죄를 입증하는) 결과가 있으면 그 결과를 '믿는다'고 이야기하되, 그 경우에도 그 여성의 말을 '믿지 않는다'라고 표현해서는 안 된다. 결국 그 얘기가 그 얘기 아니냐고 할 사람도 있지만, 그 둘은 분명히 다른 얘기다(소송 변호사는 그 차이를 잘 안다). 역사 속에서 여성의 말은 항상 남성의 말보다 신빙성이 적은 것으로 취급되어 왔기 때문이다. 당신이 굳이 고소인의 말을 '믿지 않는다'고 말할 필요도 없거니와, 그렇게 말할 경우 우리 사회가 바로잡아야 할 불평등과 편견의 문제를 지속시키는 것이기 때문이다. 그리고 반드시 '고소를 하는 모든 여성의 증언은 중요하고 우리 모두가 귀 기울여 들어야 한다'고 말해야 한다. 그게 그 여성의 말을 무시하지 않고 역사에서 옳은 편에 서는 동시에 당신이 신뢰하는 남성을 보호하는 방법이다. 당신은 제법 괜찮은 사람이기 때문에 그렇게 해야 한다. 당신은 미투 운동의 가치를 부정하거나, 여성이 차별받고 소외받아 온 역사를 부정하는 사람이 아니기 때문이다. 당신은 그걸 모두 알고 인정하지만, 피고인의 결백을 믿고 그를 지지하고 싶은 것뿐이기 때문이다.

위에 적은 건 지난 몇 년 동안 미국에서 일어난 세 가지 미투 운동 사건을 보고 알게 된 내용을 바탕으로 했다.

1) 크리스틴 블레이시 포드 vs. 브렛 캐버노

포드 교수는 미국의 대법원 대법관 후보자 브렛 캐버노에게 고등학생 때 성폭행당했다고 주장했다. 2018년 미국을 둘로 갈라놓은 대결이었다. 수십 년 전에 있었던 일에 대한 검증은 거의 추리 영화를 뺨치는 수준으로 진행되었고, 포드 교수는 아주 침착하고 호소력 있게 자신이 당한 일을 증언하며, 캐버노가 대법관이 되어서는 안 된다고 주장했다.

그런데 캐버노를 대법관으로 만들려는 트럼프와 공화당 지지자들은 포드 교수의 됨됨이를 공격했고, 정치적 목적으로 거짓말을 하는 사람, 혹은 정신적으로 불안정한 사람으로 몰아갔다. 이런 공격에 맞서 미국의 미투 운동은 더욱 뜨거워졌다.

2) 리앤 트위든 vs. 앨 프랭큰

코미디언 출신의 미네소타주 연방 상원의원 앨 프랭큰은 화려한 말솜씨와 글솜씨로 민주당의 '입' 노릇을 하며 큰 인기를 끌었다.

그런데 2017년 미투 운동이 한창일 때, 라디오 쇼 호스트 트위든이 과거에 프랭큰이 코미디 쇼 리허설 중 자신에게 강제로 키스했다는 증언을 했고, 뒤이어 몇몇 여성이 프랭큰이 사진을 찍을 때 여성의 엉덩이에 손을 얹는 등 부적절한 행동을 했다고 증언했다. 그러자 키어스틴 질리브랜드 상원의원을 비롯한 민주당 의원들이 사퇴를 요구했고, 프랭큰은 즉각 사퇴했다.

미투 운동과 관련해 가장 신속한 사퇴였고, 일각에서는 미투 운동에서 가장 경미한 케이스였다고 했다. 프랭큰의 결벽증 때문이었다고 아쉬워하는 사람들이 있다. 하지만 여성들의 증언은 사실로 받아들여졌고, 프랭큰은 이를 인정했다.

3) 타라 리드 vs. 조 바이든

올해 들어 조 바이든이 민주당 대통령 후보로 사실상 결정된 후 1990년대에 바이든의 스태프로 활동했던 타라 리드가 바이든이 자신을 성폭행했다고 주장했다.

그런데 이 주장은 처음 제기된 것도 아니고, 이를 취재한 기사도 있었다. 뉴욕타임스를 비롯한 많은 언론이 취재했지만, 대부분 이 여성의 주장에 일관성이 없어도 너무 없고, 그의 말을 들은 주위 사람들을 취재한 결과 이 여성이 지어낸 말 같다는 결론을 내리고 취재를 중단했다. 게다가 이 여성의 변호사도 함께 일하던 중 변호를 포기할 만큼 소송이 성립되기 힘든 어설픈 케이스였다.
그러자 두 번째 케이스에서 앨 프랭큰에게 사퇴를 요구한 여성 키어스틴 질리브랜드 상원의원이 조 바이든의 결백을 믿는다고 나서면서 이렇게 말했다.
"저는 조 바이든을 지지합니다. 그는 여성폭력방지법안을 만들고 통과시키기 위해 싸웠습니다. 그는 여성의 주장을 들어야 한다고 믿고 있고, 그 주장을 경청한 사람입니다. 피해를 입었다는 여성의 주장은 독립된 언론사가 철저하게 살펴야 합니다. (그 결과 바이든을 고소한 여성의) 주장은 사실이 아닌 것으로 드러났습니다. 일어나지 않은 일이었습니다."
그 여성을 공격하지 않으려고 애쓰는 게 보인다.

세 케이스에서 한 남성은 미투 운동으로 물러났고, 두 남성은 버티고 살아났다. 그런데 살아난 남성 중 한 사람은 여성들이 반대했고, 다른 한 사람은 손을 들어 줬다.
미투 운동의 목적이 사회적 고발과 매장이라고 생각하는 사람이 있는데, 사실은 그렇지 않다. 미투 운동은 여성 피해자가 법에 호소할 때 항상 수반되던 불평등한 사회적 압력을 중화(neutralize)하기 위한 운동이다. 그 사회적 압력은 '꽃뱀' 같은 단어로 대표되는 피해자에 대한 공격과, 학교나 직장에서 퇴출시키는 생계 혹은 커리어의 위협, 행실 운운하는 사회적 낙인 등으로 이루어져 있다.
전통적으로 여성에게 불리한 법원은 둘째 치고 성폭력 피해자는 사회적 압력 때문에 법원에조차 가지 못하기 때문에 미투 운동이 생긴 것이다. 피해자가 홀로 받아야 하는 압력을 여성이 단결해서 함께 방어해 줌으로써 적어도 법원 밖에서나마 평등한 운동장을 만드는 것이 미투 운동의 목적이다.
미투 운동의 대상이 된 남성은 (스스로 인정하고 포기하지 않는 한) 당연히 반론의 기회를 가져야 한다. 하지만 그 기회는 고소한 여성이 강요받은 침묵으로 만들어서는 안 된다. 여성의 목소리를 무시하거나 음모 또는 공작으로 취급해서는 안 된다. 그렇게 하면 여성을 공격하지 않고도 당신이 지지하는 사람 편에 설 수 있다. 그럴 경우 여성도 두려움 없이 법원에 갈 수 있다. 미투 운동이 원하는 게 바로 그것이다. 동등한 싸움을 할 기회.

## ✸ 굴레

새장에서 태어난 새는 하늘을 나는 것이 질병이라고 생각한다(Birds born in a cage think that flying is an illness)."
—알레한드로 호도로프스키, 작가, 영화감독

우리는 얼마나 많은 문화적 굴레를 당연한 것으로 생각하고 있을까?

# 디즈니 월드

2020 JUL 13

플로리다주가 하루 확진 1만 5천 명으로 신기록(뉴욕이 최악일 때 1만 2천 명)을 세웠다. 그런데 디즈니 월드는 재개장을 했다.

Stupidity #1

5G가 코로나19를 퍼뜨린다는 말을 믿는 사람이 있다는 게 놀랍지만 사실이고, 기지국에 방화를 하고, 작업자들을 위협한다. 이제는 한술 더 떠서 5G 전파를 막아 몸을 보호해 준다는 키트까지 판다고 한다. 원시인의 주술 같은 일이 서구 국가에서 일어나는 중이다.

Stupidity #2

마스크를 쓰는 게 다른 나라에서는 과학과 상식의 영역인데, 미국에서는 정치의 영역이다. 조지아주 애틀랜타 시장(민주당)이 공공장소에서 마스크 쓰는 걸 의무화하자, 조지아 주지사(공화당)가 시장을 고소했다. 자기가 의무화하지 않은 조치를 시장이 의무화했다는 이유에서다. 트럼프 지지자들이 마스크를 쓰지 않겠다고 고집을 부리는 걸 주지사가 보호해 주기 위해서였다. 물론 트럼프가 이 모든 걸 직접 나서서 부추기고 있다.

Stupidity #3

가을 학기 오프라인 학교 수업 재개를 고집하는 백악관의 주장에 위험하다고 반발하는 사람이 많은데, 이에 대해 백악관 대변인이 이렇게 말했다. "수업을 재개하는 문제에 과학이 끼어들면 안 된다(science should not stand in the way of this)."

Stupidity #4

이건 좀 특별한 경우인데, 브라질 보우소나루 대통령은 남미의 트럼프로 알려진 인물로 역시 코로나19에 반감(?)을 가진 대통령이다. 그런 그가 코로나19에 걸렸다는 뉴스가 얼마 전에 보도되었다. 검사 결과 양성이 나왔고, 두 번째 검사에서도 양성이 나왔다고 한다. 적어도 뉴스는 그렇다. 하지만 음모론이 퍼지고 있다. 지극히 멀쩡해 보이는데 자꾸 자기가 코로나19에 걸렸다고 한다는 것이다. 거짓말 같다는 의심이 일었다. 즉 "내가 걸렸는데 아무 일 없이 지나가지 않느냐, 코로나는 별거 아니다"라고 주장하려고 술책을 세운 것 같다는 게 음모론의 핵심이다.

그런가 하면 아시아의 트럼프라고 불리는 두테르테 필리핀 대통령은 "트럼프와 보우소나루처럼 경제활동을 재개하면 큰 문제(deep shit, X통)에 빠진다"고 경고하고 그 둘과 선을 그었다. 같은 트럼프과라고 해도 아시아 버전은 과학을 조금 더 존중하는 듯하다.

# 내가 제대로 읽은 게 맞나

2020 JUL 19

트럼프가 코로나19 검사와 확진자 추적에 필요한 추가예산안에 반대할 예정이라는 뉴스를 읽었다. 내가 제대로 읽은 건가, 하고 눈을 의심했다. 한국에서는 드라이브 스루 방식 외에도 걸어서 선별 진료소에 가 검사를 받을 수도 있는데, 미국은 거꾸로 가고 있다.

그나저나, 걸어가서 검사를 받는 부스를 설명할 때는 워크스루보다는 워크업을 쓰는 게 좋다.

— walking-thru (X)
— walk-thru (X)
— walk-up (O)

우리끼리만 쓰는 건데도 굳이 이걸 영어로 써야겠다면 맞는 표현으로.

## ✸ 아이들은 언제 등교할 수 있을까 2020 JUL 20

한국에서도 학교 수업이 정상화되지 않았다고 들었는데, 미국에서는 정상화는커녕 가을 학기를 어떻게 해야 할지가 정치 이슈가 되어서 싸우는 중이다. 물론 학교를 완전히 정상 재개해야 한다는 쪽은 트럼프 진영이고, 트럼프가 대책 없다는 것을 잘 아는 반트럼프 진영은 반대/신중론이다. 하지만 단순히 반대만 할 수 없는 것이, 온라인 수업을 하면서 가장 큰 피해를 보는 건 빈곤층 아이들이기 때문이다. 집에 인터넷도 안 되고 모바일도 없어 온라인 수업이 불가능한 아이들에게는 프린트한 교재를 줄 테니 받아 가서 문제나 풀라는 식인데, 이게 제대로 될 리 없다. 게다가 3월 이후 대량 발생한 실직자들이 이번 여름에 세 들어 살던 집에서 쫓겨나게 되는데, 이는 홈리스 가족이 폭증한다는 것을 의미한다. 그러면 아이들 교육은 사실상 물 건너간다. 코로나19가 가난한 사람을 공격하는 방법은 참 다양하다.

문제는 이런 사태가 이번 가을 학기만으로 끝나는 게 아니라는 것이다. 코로나19가 교육 환경을 어떻게 바꿀지 아직 아무도 모른다. 미국의 경우 (돈을 쌓아 두고 있는 큰 대학을 제외하면) 대학도 버티기 힘들고, 당장 신입생이 들어올지 갭 이어(gap year)를 할 건지 알 수 없어 발을 동동 구르는 게 보인다. 학생들이 온라인 수업에 큰돈을 내고 싶지 않은 건 당연하니까.

항상 변해야 한다, 변할 거다 이야기했지만 지지부진했던 교육계의 변화가 팬데믹을 맞아 강제로 이루어진 셈이다. 그동안 변화의 동기가 부족했다면 이제는 팬데믹이 그 동기가 된 것이다.

2020년 하반기에 이르러 많은 미국 대학이 지원자에게 SAT 점수를 요구하지 않는 쪽으로 방향을 바꿨다. 이유는 간단하다. 학생들이 안전하게 실내에서 시험 볼 장소를 구할 수 없기 때문이다. 일부 대학은 앞으로도 SAT 점수 요구를 없애겠다고 했다. 전부터 학생 평가에 필요한지 의구심이 있었는데, 이 기회에 실행에 옮기겠다는 것이다.

# 무한 루프

2020 JUL 23

시간 낭비하면서 제일 뿌듯할 때가 언제 살지 모르는 물건을 열심히 검색하고 각종 리뷰, 유튜브를 본 후 사야 할 제품을 딱 결정했을 때다. 언제 살지는 몰라도 사야 할 모델을 정하는 것과 무한 리뷰 검색의 루프에 빠져 있는 건 완전히 다르다. 지난 몇 주 동안 심심할 때마다 카약을 들여다보던 나는 오늘 드디어 그 뿌듯한 순간을 맞이했다. 그런데 그 순간 뒤를 지나가면서 내가 고른 제품의 사진을 본 딸아이의 한마디.

딸 　　그런데 색깔이 '나는 아빠다' 하는 색이네. 딱 아빠들이 좋아할 색이야(The color says 'I'm a dad.' It's a dad's color).

아… 다시 루프에 빠졌다.

# 기계라서 하는 실수

2020 JUL 24

시속 35마일 제한속도 표지판에 있는 3자에 가로로 길게 테이프를 붙였더니 테슬라 차량이 85로 읽었다는 기사를 보았다. 사람이라면 하지 않았을 실수를 기계라서 한 것이다. 물론 기계는 사람이 하는 훨씬 더 많은 실수를 하지 않는다. 그래도 이건 해결해야 할 문제다. 테슬라는 AI의 판독 능력을 키우는 쪽으로 해결하겠지만, 3M은 그것과는 다른, 아주 3M다운 해결책을 내놓은 적이 있다. 사람들 눈에는 보이지 않지만 기계는 읽을 수 있는 바코드를 표지판에 붙여 놓는 것이다.
결국 도로 표지판을 기계가 읽을 수 있게(machine-readable) 만드는 작업을 한 것인데, 한국같이 국토 면적이 작은 나라에서 사용하기에 좋은 방법 아닐까 싶다. 표기법은 특정 지역에서 소프트웨어 업데이트만 하면 되니 세계 표준을 기다릴 필요도 없을 것이다.

# 30년의 후퇴

2020 JUL 26

사회·경제적 위기는 항상 약자에게 훨씬 더 큰 피해를 입힌다. 미국에서 이번 팬데믹으로 수많은 사람이 직장을 잃으면서 결국 부부 중 일을 포기하는 쪽은 여성이며, 이는 지난 30년 동안 여성이 직장에서 평등을 이루기 위해 쌓아 온 성과가 사라지는 정도의 타격이라고 한다. 항상 이랬다. 제2차 세계대전이 끝나자마자 여성들이 일터에서 사라지는 것을 두고 '여성은 산업예비군'이라는 개념이 탄생했는데, 그게 2020년에 고스란히 반복되는 것이다.

"예전보다 훨씬 살기 좋아졌는데 여자들이 지나친 거 아냐"라는 주장을 그저 무지몽매한 일부의 목소리로 치부하기에는 한국 남성의 성 평등 인식 수준이 지나치게 낮다. 평등은 '='라는 기호로 대표된다. 여성의 사회진출이 늘어났어도 등호를 사용할 수 없으면 '좋아진 상황'이 아니라 불평등한 상황이다. 그리고 불평등한 상황은 싸워야 하는 상황이고, 싸우지 않고 평등을 허용한 사회는 세상에 존재해 본 역사가 없다. 싸움을 늦추면 바로 후퇴다. 많은 남성이 "세상 좋아졌다"고 하는데, 여성들이 싸워서 얻어 낸 거지 그들이 순순히 내준 게 아니다. 성 평등이 팬데믹 한 방에 30년 후퇴하고 있다는 것을 명심해야 한다. 여성 인권을 비롯한 모든 권리와 민주주의는 적극적으로 방어하지 않으면 언제든 후퇴하는 취약한 존재다.

## 불경기

2020 JUL 28

미국에서 불경기에 적은 돈으로 만족감을 느끼기 위해 립스틱을 구매하는 여성이 늘어난다고 해서 생긴 '립스틱 지수'가 이번 불경기에는 작동하지 않는다고 한다. 마스크를 써야 하니 립스틱을 살 필요를 못 느끼기 때문이다. 대신 매니큐어 판매가 늘었다. 네일 숍에 가지 못하니 집에서 직접 해야 해서다. 그리고 스킨케어 제품도 판매가 증가했다.

## 재택근무 시대의 각개전투

2020 JUL 31

현대사회에서 여성이 받는 차별은 제도적 평등 뒤에 숨어 있는 경우가 많다. 남자나 여자나 똑같이 재택근무를 해도 가정에서 벌어지는 상황은 다르다. 그런데 그걸 집집마다 찾아다니면서 관찰 연구를 하기는 쉽지 않은 일이다. 지난 5월 네이처에 소개된 연구는 그렇게 숨은 차별을 찾아내는 좋은 연구다. 팬데믹으로 연구자들이 집에 머물면서 여성 연구자의 연구 실적이 줄어든다는 것이다.

겉으로 드러나는 차별은 지적하고 공론화할 수 있지만, 집 안에서 일어나는, 문화적으로 스며든 차별은 훨씬 더 까다롭다. 부부 사이의 각개전투니까.

## 오늘도 계속되는 바이러스의 승리

2020 AUG 2

루이 고머트가 코로나19 확진 판정을 받았다. 그게 누구냐고? 공공장소에서 마스크를 착용하는 것을 거부해 온 텍사스주 공화당 의원이다. 양성 판정을 받은 후에도 고머트는 마스크의 효용에 의문을 제기했다. 마스크에 묻은 세균이나 바이러스를 들이마시면 어떡하냐는 주장인데, 물론 FDA는 근거 없는 주장이라고 일축했다. 언제까지 이런 바보들을 봐야 하는 걸까.

"모르는 사람들과 만나는 자리에 나갔다가 PC하지 않은 사람과 이야기를 하게 될까 하는 걱정이 있어요."
지난 주말 화상회의 때 한 20대 여성의 말이다. 내 주변 사람들 기준을 적용해 보면 대략 이렇게 나뉜다.

Gen Z 세대: PC가 생활화되어 있다. 공적인 대화는 물론이고, 사적인 대화에서도 똑같이 적용된다(이 부분에 대해서는 이견의 여지가 큼).

밀레니얼 세대: PC 관점에서 혹시라도 오해를 살 만한 말은 아주 친한 친구와의 대화에서만 한다. un-PC한 사람들을 만날 가능성이 높은 연령대라 스트레스가 가장 높다.

Gen X+586 세대: PC라는 걸 사회화가 끝난 후에야 배웠다. 그나마 사회생활을 좀 해서 중요성을 학습한 사람들도 몸에 밴 un-PC함이 시도 때도 없이 튀어나오는 걸 조심하느라 스트레스를 약간 느끼지만, 사적인 대화(라고 생각하는 대화)에서 시원하게 푼다. 그 과정에서 밀레니얼 세대에게 스트레스를 주는 장본인이기도 하다.

그 이상 세대: PC=책상 위에서 네이버에 들어가게 해주는 물건.

## 열대 폭풍

2020 AUG 5

'열대 폭풍'이 온다고 예보는 계속 나왔지만 뭔가를 특별하게 준비할 수 있는 것도 아니라 그냥 그런가 보다 했는데, 엄청난 비바람이 몇 시간 지속되더니 전기도 인터넷도 끊겼다.
시간이 지난 후 전기는 들어왔는데, 인터넷은 여전히 불통이다. 이 동네가 아름드리나무가 많은 건 참 좋지만, 바람만 좀 세게 불면 커다란 가지가 부러지면서 지붕을 뚫거나 전선을 끊는다. 가뜩이나 전력망이 낡고 오래된 동네라서 더 그렇다. 허구한 날 일어나는 정전에 시계를 번번이 다시 맞추다가 이제는 포기하고 산다.

## 대책 없는 사람들

코로나 직격탄을 맞은 뉴저지가 코로나19 감염율이 조금 떨어지자 마치 팬데믹이 끝난 것처럼 집집마다 주말 파티를 하고 운동장에 와글와글 모여 운동을 하더니, 어제 이 지역에 코로나 바이러스가 다시 빠르게 퍼지고 있다는 뉴스가 나왔다. 추적해 보니 파티가 원인이었다. 트럼프 취임 후 이 나라의 진짜 수준이 드러난 것 같다는 생각을 떨칠 수 없다.
조지아주는 다른 주에 비해 개학이 한 달 가까이 빠른데, 코로나19가 한창 휩쓰는 중 개학을 해 버렸다. 그런데 얼마나 대책이 없는지 인터넷에 올라온 한 사진이 이를 잘 보여 준다. 그야말로 아이들이 바글바글 모여 있다.
뉴저지 학군들은 개학을 앞두고 설문 조사를 해서 아이들을 완전히 온라인으로 수업을 듣게 할지, 아니면 일주일에 두 번 나오게 할지 선택하게 했다. 서로 다른 날 등교하는 방법으로 교실 내 학생 수를 줄이겠다는 건데, 그렇게 한다고 얼마나 막을 수 있을지는 모르겠다. 전문가도 인터뷰에서 솔직히 자신 없단다. 조지아처럼 트럼프를 지지하는 지역이 아니어도 사정은 크게 다르지 않다. 초기에 뉴욕시 다음으로 큰 피해를 입은 이곳 뉴저지 버겐 카운티에서도 사람들은 조심하지 않는다. 특히 백인이 심한 것은 사실이지만, 반드시 백인만 그런 것도 아니다. 믿어지지 않을 정도로 느긋하게 마스크 없이 모여서 논다. 주말이면 친구와 가족을 불러 모아 뒤뜰에서 파티하는 소리로 동네 곳곳이 시끌시끌하다. 미국의 확진자 그래프가 내려가지 않는 이유가 여기에 있다.

> 백신 접종이 시작된 후 감염율은 빠르게 내려갔고, CDC는 5월에 접종자는 실내에서도 마스크를 쓰지 않아도 된다고 발표했다. 하지만 자신이 접종을 했는지 증명할 필요가 없고 각자의 양심에 맡긴다고 했다. 그러다 보니 접종율이 낮은 지역에서는 여전히 바이러스가 확산 중이다.

## 최소한의 에티켓

류호정 의원의 옷에 대해 떠들썩하다. 사진을 보고 힐러리 클린턴이 떠올랐다. 힐러리 클린턴은 바지 정장을 즐겨 입어 항상 놀림감이 되었다. 그런데 왜 그 옷을 고집했고 또 많은 여성 의원들이 바지 정장을 입을까? 미국에서 여성 정치인은 치마를 입어야 한다는 불문율이 1990년대에도 존재했기 때문이다. 말하자면 바지 정장을 입는 건 여성의 권리 행사였다. 미국 역사상 최초의 흑인 여성 상원의원이 된 캐롤 모슬리-브라운 의원이 1993년 겨울 바지 정장을 입고 등장하자 의원석에서 놀라는 소리가 들릴 정도로 기겁을 했다고 한다. '여자가 감히 치마를 안 입고 의회에 들어와?'라는 태도였던 것이다. 표면적으로만 보면 류호정 의원과 반대되는 상황인 것처럼 보인다. 바지 정장을 입곤 하는 추미애 장관에 대해서는 아무도 뭐라 하지 않으니까. 하지만 사실은 같은 주제의 변주곡이다. 여성의 외모에 대한 남성의 통제인 것이다. 아랍권에서 여성들의 옷을 통제한다고 웃을 자격이 있는 나라가 있을까? 여자가 화장하지 않고 출근하면 '무슨 일 있느냐'는 말을 듣는 일이 여전히 존재하는 사회. 더 나아가 그 룰을 많은 여성이 내재화해서 '여자의 화장은 최소한의 에티켓'이라고 믿게 만드는 일이 아직도 일어나고 있다. 통제는 이렇게 치밀하고 집요하다.

## ✸ 사망 예측



미국에서 올해 말까지 30만 명이 코로나19로 사망할 거라는 전망이 나왔다. 이 숫자를 우리나라 인구 비례로 계산하면 5만 명이 죽는 셈이다. 5만 명이 걸리는 게 아니라, 죽는 사람이 5만 명! 그 전망이 실제 벌어지면 미국에서 코로나19는 심장 질환, 암 다음으로 사망 원인 3위가 된다. 세상에 이렇게 무능한 정권도 있구나 싶다.

미국의 코로나19 상황이 세계 최악이 아니냐는 질문에 파우치 박사는 이렇게 답했다.

"숫자는 거짓말을 하지 않습니다(Numbers don't lie)."

미국 질병통제예방센터(CDC)에 따르면 2021년 6월까지 미국에서는 코로나19로 3천 4백만 명이 넘는 확진자가 나왔고, 61만 6천 명 넘게 사망했다. 2020년 12월에 백신 접종이 시작되어 1회 이상 백신 접종자가 50%를 넘긴 현재 상황에도 어제 하루만 5천 명 넘는 확진자가 나왔고, 95명이 사망했다.

## ✸ 차별은 의도가 아니라 결과다 2020 AUG 10

의정부 고등학생들의 블랙페이스(blackface)가 인종차별인가 아닌가 하는 문제로 연일 인터넷이 시끄럽다. 나는 여러 차례 나쁜 의도가 없었다고 해도 그것은 인종차별이라고 말해 왔다. 차별은 의도가 아니라 결과다.

수십 년 전에 이런 전설적인 이야기가 있었다. L.A.에 사는 자식 집에 놀러 간 한인 노인이 길 가던 아이에게 "요놈 고추 좀 만져 보자"며 아이 몸에 손을 댔다가 부모에게 성추행 혐의로 고소당해 법정에 섰다는 얘기다. 한인 변호사는 "한국에서는 노인들이 귀엽다는 의사 표시로 남자아이의 성기를 만진다"고 했단다. 과연 그 논리로 방어에 성공했을까?

사람에 따라서는 받아들이기 힘들지 모르겠지만, 세상은 당신의 의견과 상관없이 바뀐다. 억울해도 어쩔 수 없다. 1960년대 한국에서 좋은 의도로 어린아이의 고추를 만질 수 있었을지 몰라도, 21세기에는 어느 나라에서도 그렇게 할 수 없다. 1960년대에 한국을 비롯한 많은 나라에서 블랙페이스를 하면서 놀 수 있었을지 몰라도, 21세기에는 어느 나라에서도 그렇게 하면 큰 비난을 받는다.

내가 나쁜 의도가 없었으면 남들도 이해할 거라고 생각했을 거다. 성폭력, 인종차별, 모두 당신의 의도와 무관하게 행동으로 평가받는 영역이다. 그런데 유독 한국에서는 '의도 디펜스'가 먹힌다고 생각한다.

그 아이들에게 검은 피부는 리스펙트지만, 한국은 교사의 피부가 검으면 영어를 잘해도 학원에서 뽑지 않을 만큼 차별적인 사회다. 아니, 전 세계에서 흑인이 단지 피부색만으로 차별받는다. 그런 세상에서 고등학생들이 '나는 리스펙트였다'

는 진심은 디펜스가 되지 못한다. 그건 L.A. 한인 노인이 아이가 귀여워서 한 행동이라고 변호하는 셈이다. 사람은 타인의 진심을 알 수 없다. 그 노인을 봐주는 판결이 나면 그 판례로 많은 성폭력범이 빠져나간다. 똑같은 이유로 세계가 블랙페이스는 안 하기로 한 거다.

당신이 진심이라도 세상이 변했다.

## 코로나와 하나님

2020 AUG 17

지난 4월에 미국에서 코로나19가 아무것도 아니고 '하나님은 코로나19보다 크신 분'이라며 사회적 거리두기를 거부하고 집회를 하던 목사가 코로나 바이러스로 사망했다. 유족들이 제발 좀 멈춰 달라고 사정할 만큼 전국에서 비난과 조롱이 쏟아졌다.

그런데 이번에 전광훈 목사가 감염되었다는 소식을 들으니 역시 인류는 같은 방식으로 존재하는 한 종족이라는 생각이 든다. 물론 그렇다고 인류애가 생기는 건 아니다.

## ✸ 소란을 일으키는 것을 두려워 마라

세상은 점진적으로 변한다. 그건 맞는 말이다. 하지만 평등과 인권에 대한 요구, 차별을 없애라는 요구, 혐오 발언을 중단하라는 요구는 항상 즉시적이어야 한다. 지금 당장 없애라고 요구해 봤자 천천히 점진적으로 개선되는 게 사회다. 그래서 모든 요구는 '지금 당장'이어야 한다.

얼마 전 세상을 떠난 미 하원의원 존 루이스가 마틴 루터 킹 목사와 함께 워싱턴 D.C.에서 했던 바로 그 집회에서 "우리는 인내하지 않겠다"고 말한 이유가 그 때문이다. '앞으로 더 많이 논의하자'는 건 그런 변화를 억누를 때 사용하는 기득권층의 언어다. 그래서 존 루이스는 이 말을 무척 싫어했다고 한다. 문제가 드러난 지금 당장 논의하고 바꾸지 않으면 그 문제를 논의할 동력은 사라지기 때문이다. '앞으로 논의하자'는 말은 결국 '지금은 하지 말자'는 말이고, 그렇게 문제가 눈앞에서 사라지면 사람들은 아무도 그 얘기를 다시 꺼내지 않는다. 그게 '점진적 변화'의 모순적 작동 방식이다. 점진적인 변화를 거부해야 점진적으로라도 변화가 가능한 거다.

> 소란을 일으키는 것을 두려워 말고, 좋은 문제, 필요한 문제를 일으키는 것을 겁내지 마라(Never, ever be afraid to make some noise and get in good trouble, necessary trouble).

약자로 일생을 살았고, 약자가 사회에서 목소리를 높이지 않고 기다리면 사회는 절대로 변하지 않는다는 것을 깨달은 존 루이스의 말이다.

앞으로 더 많은 논의가 필요하다고 생각한다면 지금 당장 더 큰 목소리를 내고, 차별주의자들의 무지함을 더욱 강하고 큰 목소리로 지적해야 한다. 그렇게 하지 않고 바뀐 사회는 없다. '점진적 변화'라는 헛된 약속을 믿지 않고, '지금 당장'을 외친 사람들이 세상을 바꿨다. 그렇게 바뀐 세상을 지금 우리가 누리고 있다.

# 이제는 다 옛날이야기

2020 AUG 21

"케이크 위 촛불을 훅~ 불고 다 같이 나눠 먹던 거 기억나?
그땐 뭔 생각으로 그랬나 몰라."

# K-양극화

2020 AUG 22

팬데믹이 양극화를 더욱 촉진하는 미국에서는 경기회복도 양극화되어서 'K-recovery'라는 말이 등장했다. 자동화와 재택근무로 이득을 보는 집단과 그냥 잘려 나가는 집단으로 나뉘는 이 K-양극화의 모습을 월스트리트 저널 기사에 그림으로 표현한 것을 보았는데, 디테일이 무척 꼼꼼하다. 가령 올라가는 쪽은 에스컬레이터를 타고 편하게 올라가는데 남성이 여성보다 많고, 숫자도 아래쪽에 비해 적으며, 백인이 우세하고, 입고 있는 옷도 정장으로 보인다. 반면 내려가는 쪽은 계단으로 표현하고, 여성이 좀 더 많으며, 비백인이 주를 이룬다. 아래쪽은 위쪽보다 인원도 많고 파란색 셔츠를 입고 있다. 그야말로 그림 하나로 기사의 내용을 압축해 보여 준다.

## 비상사태

2020 AUG 24

줌 다운. 오늘 미국의 많은 대학이 온라인 개강을 한 것과 관련이 있는 듯하다. 미국 학교들은 일제히 비상.

# 15분 도시

2020 AUG 26

프랑스 파리에서는 최근 '15분 도시'라는 개념이 주목받고 있다. 일과 쇼핑, 운동 등 일상생활이 자신의 집에서 도보나 자전거로 15분 이내 거리에서 이뤄지도록 삶의 공간을 재배치하자는 주장이다. 다소 극단적으로 들리는 이 주장이 나오는 이유는 코로나19 팬데믹으로 대중교통을 이용한 장거리 이동을 피하기 위해서다. 얼마 전 WHO에서 이야기한 것처럼 이번 팬데믹이 백신 하나로 쉽게 종결되지 않는다면, 우리는 세상을 완전히 다시 설계해야 할지도 모른다.

하지만 우리가 사는 세상은 매우 복잡하고 서로 연결되어 있어 뛰어난 한 사람이 설계할 수 있는 시대가 아니다. 모두 자신의 영역, 자신이 잘 아는 조직에서 어떤 변화가 일어날지 생각해 보고 함께 논의해야 한다.

몇 달 뒤 한국에서도 서울 시장 보궐선거에 등판한 박영선 전 장관이 '21분 도시'를 들고 나왔다. 비록 박영선 전 장관은 낙마했지만 이 개념은 살아남았으면 하는 바람이다.

# 대혼란

2020 AUG 29

어딘들 그렇지 않겠냐만 미국 학교들은 지금 대혼란에 빠졌다. 우리 학군에서는 가을 학기에 1) 전면 온라인 수업 2) 대면-온라인 하이브리드 수업이라는 두 가지 옵션을 주고 학생과 학부모에게 선택하라고 했는데, 개학을 며칠 앞두고 옵션을 없애고 무조건 전면 온라인으로 간다는 통보를 해 온 거다. 먼저 개학한 다른 주 학교들에서 확산되는 얘기를 들으면 당연한 결정이라고 생각한다.
하지만 그런 결정을 하게 된 이유는 따로 있다. 교사들이 대면 수업을 할 수 없다고 일제히 휴직을 신청해 이 학군에서만 80여 명의 교사 부족 사태가 벌어졌기 때문이다. 솔직히 내가 교사라도 이렇게 바이러스에 대한 개념이 없는 학부모와 학생이 많은 나라에서 아이들을 데리고 수업하기 싫을 거다. 그런데 이 동네 학부모들 페이스북 그룹에서 이 교사들을 파면해야 한다고 악을 쓰는 중이다. 거의 100% 백인 부모. 무지한 소리를 하는 '캐런(Karen, 백인 중년 여성들 사이에 흔한 이름인데, 특권 의식에 찬 백인 여성을 가리키는 조롱조의 표현)'이 많아 아이들이 이 그룹에 올라온 포스트와 댓글로 밈을 만든다. 빈부 상관없이 트럼프 지지+코로나 무지 콤보가 많지만, 경제력 최상위층 백인 중에 그런 사람이 많은 것도 참….

# 주가 상승

2020 AUG 30

미국 테크 기업 주가 총액이 유럽 주식시장 전체 총액을 넘었다. 이유가 뭘까?

a. 그만한 가치가 있다.
b. 팬데믹과 저금리의 효과일 뿐이다.
c. 곧 터질 버블.

## 인종주의의 세 단계

인류 역사에서 팬데믹은 항상 인종주의적 요소를 지니고 있었다. 그도 그럴 것이 감염병이 발생한 장소를 과학적으로 정확하게 파악하기가 쉽지 않았을 뿐 아니라, 발생지가 아닌 곳에서는 감염병을 전파한 다른 사회를 탓하기 쉽기 때문이다. 감염병의 전파가 인종과 무관하다는 것을 잘 아는 과학자들이 바이러스에 'SARS-CoV-2'처럼 무미건조한 알파벳과 숫자를 섞은 이름을 붙이는 이유가 바로 발병지나 전파 장소에 대한 일반의 편견과 그로 인한 인종주의를 경계해서다.

그런 노력이 무색했던 이유는 인류에게는 감염의 과학적 원리를 파악하는 것보다 다른 인종과 사회를 미워하는 것이 훨씬 쉽고 익숙하기 때문이다. 코로나19는 중국과 아시아인 전체에 대한 증오를 불러왔지만, 같은 기간 미국에서는 백인 경찰관의 조지 플로이드 살해, 한국에서는 샘 오취리의 발언과 관련한 논란이 인종주의적 발언과 그에 대한 반발을 불러왔고, 이런 사건들과 무관하게 중국 정부의 신장 지구 위구르족 탄압 문제는 꾸준히 이슈가 되었다. 기후 재난과 함께 인종주의는 21세기에 인류가 해결해야 할 가장 시급한 과제로 떠올랐다고 해도 과언이 아니다.

하지만 인종주의가 모두 같은 방식으로 작동하지는 않는다. 중국 정부가 위구르족을 탄압하는 것이나 백인 경찰이 흑인의 목숨을 하찮게 생각하는 것, 그리고 미국 길거리에서 아시아계 노인을 무차별 폭행하는 것은 모두 인종주의적 동기에서 비롯된 행동이지만 작동 방식이 다르고, 그렇기 때문에 문제 해결을 위한 접근법도 달라야 한다.

인종주의는 그 주체가 누구냐에 따라 세 가지로 나뉜다. 국가와 정부가 주체인 경우(1단계)가 있고, 일부 조직이나 문화가 주체가 되는 경우(2단계), 그리고 개인적인 경우(3단계)가 있다.

20세기 중반까지 인류 사회에 보편적이었던 인종주의는 국가, 혹은 정부가 주체인 경우가 많다. 제2차 세계대전 때 일어난 유대인 대학살, 제1차 세계대전 중 일어난 아르메니아인 대학살은 각각 독일 정부, 오스만제국과 터키 정부가 주도한 사건이라는 점에서 '합법적 인종주의'에 해당한다. 미국과 영국 등의 서구 국가에서는 노예제도가 합법이었다. 이들 국가는 노예제도를 포기한 후로도 유색인종에 대한 차별을 교묘하고 눈에 띄지 않게 법으로 성문화하기도 했지만, 적어도 국가는 '모든 인간은 태어나면서부터 평등하다'는 원칙을 표방해야 했다. 이 1단계의 극복, 즉 국가의 정부가 내놓고 특정 인종 집단을 죽이거나 그들의 권리를 빼앗는 것이 지탄받게 된 것은 결국 20세기에 들어서나 일어난 일이다.

그러나 국가가 인종주의를 지탄하고 법으로 금지한다고 해서 사회 구성원이 모두 평등권을 누리는 것은 아니다. 2단계의 인종주의가 버티고 있기 때문이다. 조지 플로이드 살해 사건으로 대표되는 미국 경찰과 일부 백인의 조직적 인종차별은 합법적인 수단을 가장하기 때문에 쉽게 발견하기 어렵고, 백인 중심의 미국 사법제도, 그리고 무엇보다 경찰 조직에 뿌리내린 인종차별 문화 때문에 고치기 쉽지 않다. 이 때문에 미국에서는 아예 경찰이라는 조직 자체를 없애고 처음부터 다시 만들자는 '경찰 예산을 없애라(Defund the Police)'라는 운동이 일어났다. 실현 가능성은 크지 않지만 그만큼 미국에서 경찰 문화 개혁이 힘들다는 것을 보여 주는 예다. 분명 회사는 인종차별이 없는 승진 제도를 운영하고 있다고 하는데 경영진의 면면을 보면 대다수가 백인 남성 일색인 조직도 마찬가지다.

그리고 마지막 3단계에 사적이고 개인적인 인종주의가 있다. 사회생활을 하는 중 끊임없이 만나는, 때로는 미세하고 때로는 폭력적인 인종주의 경험이다. 미국에서 흑인 여성은 백인이 다짜고짜 "머리카락이 참 특이하다"며 허락도 없이 머리를 만지는 일을 종종 경험하고, 아시아계 사람은 미국에서 태어났음에도 "어디에서 왔느냐"는 질문을 끊임없이 받는다. 국가나 조직이 괴롭히는 것은 아니지만 일상에서 피하기 힘든 차별이다. 미국과 캐나다 정치인들이 과거에 블랙페이스를 한 것을 사과하는 일을 자주 목격하게 되는 것은 이런 형태의 인종주의가 여전히 흔하다는 뜻이다.

미국에서는 과거처럼 길을 가던 흑인을 붙잡아 누명을 씌워 재판도 없이 나무에 목 매달아 죽이는 린치는 사라졌지만, 경찰이라는 조직 문화에 의한 합법적 살해가 아직도 빈번하다는 점에서 여전히 2단계를 극복하지 못하고 있고, 3단계는 흔하게 일어난다. 문제는 트럼프 정권 이후로 미국은 다시 1단계 수준으로 후퇴하려는 기미가 보인다는 것이다. 2017년에 일어난 인종주의자의 시위대 살인 사건을 두고 트럼프 대통령이 '양쪽 모두 좋은 사람들'이라며 인종주의자를 옹호한 이후 이들은 국가 수반이 보호해 준다는 생각으로 점점 더 발언 수위를 높였고, 공화당은 2020년 선거에 패배한 후 일부 주에서 흑인의 투표를 조직적으로 방해하는 법을 만들려고 하면서 지방정부가 주도하는 합법적 인종주의로 회귀하려는 모습을 보이고 있다. 미국이 중국 정부가 진행하는 조직적 위구르족 탄압을 비판할 때마다 중국 정부가 비웃고, 그 비판이 먹히지 않는 이유가 여기에 있다. 그때마다 중국 외교부가 발표하는 성명의 핵심은 '당신들이나 잘하라'는 것이다.

샘 오취리가 의정부 고등학교 학생들의 블랙페이스를 비판했다가 여론의 맹공격을 받고 오히려 사과하는 과정을 지켜보면서 착잡했던 이유도 마찬가지다. 의정부 고등학생들의 인종주의적 표현은 오취리의 말처럼 '몰라서' 한 행동이고, 잘못을 알려 주면 고칠 수 있는 개인적인 수준, 즉 3단계에 해당한다. 하지만 그가 여론의 집중 공격을 받고, 방송사가 그를 프로그램에서 하차시키는 것은 문화적이고 조직적인 인종차별, 즉 2단계의 인종주의를 의미하기 때문이다.

나는 궁극적으로 세상 대부분의 사람이 인종적 편견을 가지고 있다고 생각한다. 자신과 다른 문화적 배경을 가진 사람과 섞이지 않는 한 편견을 갖게 되는 것이 인간인데, 아직 인류는 같은 문화권 안에 모여 살고, 피부색이 같은 사람과 결혼하는 게 보편적이기 때문이다. 따라서 마지막 3단계의 인종주의를 극복하는 데는 오랜 시간이 걸릴 거라고 생각한다. 하지만 1, 2단계는 다르다. 이것은 모든 사람의 생각을 바꾸지 않아도 가능한 일이다. 인종주의자를 정부와 의회에서 몰아내고, 조직에 변화를 요구하는 일은 인종주의에 반대하는 사람들이 과반수가 되면 달성할 수 있는 목표다. 사회를 앞으로 나아가게 하지 못한다면 뒤로 미끄러지는 것만이라도 막아야 한다.

# 9월

SEPTEMBER
OCTOBER

# 10월

## 위기의 지구촌

## 엘리트

2020 SEP 3

영어에서 '엘리트(elite)'는 이제 부정적 의미가 더 강해졌는데, 앞으로 한국어에서도 같은 길을 갈 것 같다. '사회에서 가장 많이 교육받고, 돈이 많고, 강한 권력을 가진 사람들'이라는 의미의 엘리트가 반드시 부정적 의미를 내포할 필요는 없지만, 그들이 자신이 누리는 특권을 사회를 위해 사용하지 않고 자신만을 위해 사용하면 자연스럽게 부정적 함의를 갖게 된다. 학력이 높지 않은 블루컬러 백인 유권자들이 트럼프를 지지하는 걸 비판하는 것도 중요하지만, 미국의 엘리트층이 이들을 어떻게 취급했는지도 분명히 짚고 넘어가야 한다.

## ✸ 언젠가는 분명 이 시간을 그리워하게 되겠지

2020 SEP 5

대화를 좋아하는 사람들이 대개 그렇듯, 딸아이는 자기 주위에 흥미로운 일이 생기면 그걸 들려줄 상대를 찾는다. 집에서는 대개 그 상대가 나다.
내가 낮잠을 자려고 소파에 누워 있으면 내 머리맡 바닥에 앉아 종알종알 얘기하고, 내가 서재에 있으면 들어와서 모니터를 흘끗 보고 일하고 있는 게 아니면 "아빠, 얘기 좀 해도 돼? 오래 안 걸려(Can I talk to you? It doesn't take long)" 하고 얘기를 시작한다. 학교, 친구, 게임, 뉴스, 초·중학교 시절 등 주제도 매번 다르다.
금요일 하루에만도 몇 번을 그러고는 밤늦게 다시 서재에 들어와서는 "내가 아빠를 너무 방해하는 거 같아, 하하(I think I'm bothering you too much, haha)" 하더니, 전혀 개의치 않고 얘기를 시작했다. 이번에는 학교 남자애들 얘기였는데, 그렇게 시작한 대화가 데이트, 결혼, 인생 얘기까지 가서야 끝났다.

## ✸ 여러분 자신 외에 다른 사람들을 생각하십시오

2020 SEP 7

미국에서는 대학이 8월 하순에 개강하는데, 대학이 위치한 칼리지 타운을 중심으로 코로나19 확진자가 급증하면서 방역에 비상이 걸렸다. 물론 미국 대학들은 지난 6개월 동안 이 순간을 위해 시뮬레이션을 하고, 대책과 지침을 마련하고, 검사와 격리 절차까지 갖췄는데, 생각하지 못한 복병을 만났단다. 바로 '고의로 지침을 어기는 학생들'이라는 복병이다.
지침을 어기고 모여서 놀다가 적발되어 정학 처분을 받았고, 다른 대학교에서는 가차 없이 퇴학 처분을 한다고 했는데도 대놓고 어기는 학생들 때문에 개학 며칠 만에 수백 명의 확진자가 나오는 바람에 대학과 대학 도시가 비상이 걸렸다.
아래 편지는 학생들을 적발한 시러큐스 대학교에서 학생들에게 보낸 이메일이다.

> 학생 여러분께
>
> 지난밤, 많은 수의 학생들이 이기적인 태도로 여러분이 시러큐스 대학교에서 얻고 싶은 경험, 즉 대학교에 거주하면서 배울 기회를 위협하는 행동을 했습니다. 지난밤 학교 내 공터에 모인 학생들 때문에 학기가 시작되기도 전에 기숙사와 강의실을 포함한 캠퍼스를 닫아야 할 만큼 큰 피해가 발생했다는 사실을 말씀드리는 것입니다.
> 어제 모인 학생들 중 그렇게 모이면 안 된다는 사실을 몰랐거나 그게 잘못이라는 걸 이해하지 못한 사람

은 한 명도 없습니다. 그 학생들은 뉴욕주의 공공 건강법과 시러큐스 대학교의 안전 조치를 알고도 무시한 것입니다. 학생들이 캠퍼스에 거주하며 수업을 듣게 하기 위해 지난여름 내내 쉬지도 못하고 일한 사람들의 노력을 허사로 만드는 고의적인 행동이었다는 점에서 특히 이기적이고 충격적입니다.
더욱이 그들의 행동은 졸업을 앞둔 4학년 학생들의 마지막 대학 생활을 앗아 가는 것이었다는 점에서도 더욱 이기적이고 충격적인 행동입니다. 또 그들의 행동은 다른 학생들이 가장 안전하고 도움이 되는 (캠퍼스) 환경에서 떠나도록 만들었다는 점에서 더더욱 이기적이고 충격적입니다.
지난밤 모인 학생들에 대한 철저한 조사가 진행 중입니다. 공공안전처에서는 어제 모인 장소에 있던 감시카메라에 촬영된 영상을 살펴보고 있고, 신원이 확인되는 학생들은 즉각 징계 절차를 거칠 것입니다.
여러분, 우리에게는 단 한 번의 기회밖에 없다는 사실을 분명하게 인식하시길 바랍니다. 세상이 여러분을 지켜보고 있고, 사람들은 여러분이 실패할 거라 생각하고 있습니다. 그들의 생각이 틀렸음을 증명해주십시오. 더 나은 사람이 되길 바랍니다. 성인답게 행동하길 바랍니다. 여러분 자신 외에 다른 사람들을 생각하십시오. 그리고 무엇보다 이 캠퍼스와 뉴욕 중부 지역의 건강과 안녕을 최우선시 하는 우리 대학교가 얼마나 신속하게 대처할지 시험하지 마십시오.

J. 마이클 헤이니 드림

## 붉은 하늘

2020 SEP 9

8월 발생한 산불이 확산되면서 8월 19일 오리건주와 워싱턴주는 비상사태를 선포했다. 미 서부 지역 12개 주에서만 100여 건의 산불이 잡히지 않고 있다. 실종자와 사망자는 더 늘어날 전망이다.
오늘 인터넷에서 하늘이고 땅이고 온통 붉은색으로 뒤덮인 사진을 보았다. 캘리포니아뿐 아니라 그 위 오리건주도 마찬가지로 산불에 하늘이 적색이라고 한다.
2020년은 스티븐 킹의 소설 같은 나날의 연속이다.

2019년 9월 호주 동부에서 시작돼 6개월 이상 지속된 산불도 기후위기의 징조였다. 2021년 6월은 전 세계적 폭염으로 이른 여름을 알렸다.

## 치아를 조심해!

미국의 치과 의사들이 최근에 발견한 사실인데, 이가 부러진 환자가 급증했다고 한다. 한 의사는 지난 6주 동안 본 이 부러진 환자가 지난 6년 동안의 케이스보다 많다고 했다.
이유는 스트레스로 추정한다. 자기도 모르게 이를 악물게 되는 것이다. 그 기사를 읽다가 알았는데, 음식을 먹을 때 외에는 이가 서로 닿지 않아야 한단다. 일을 할 때든 쉴 때든 이가 닿아 있지 않는지 부디 확인하시길.

한국의 겨울철 미세먼지가 피할 수 없는 생활의 일부가 된 것처럼, 미 서부의 산불(wildfire, 산 외에도 빈 땅이 많은 미국에서는 산불과 들불을 모두 포함한다)도 이 지역 사람들 삶의 일부가 되는 것 같다. 물론 그래도 트럼프와 공화당 지지자들에게 기후변화는 여전히 진보 세력이 만들어 낸 가짜 뉴스일 뿐이겠지만.

지금 미국 서부에서 진행 중인 사상 최악의 산불은 그 지역에 우기가 시작되기까지 앞으로 두 달 동안은 계속될 것으로 보인다고 한다. 지금도 끔찍한데 당분간 계속될 걸 생각하면 정말 무서운 일이다. 더 암담한 건 앞으로 매년 이 기록이 깨질 것이라는 전망이다.

그런데 왜 캘리포니아 주민들은 이렇게 산불이 빈번한 지역에 집을 지을까? 오늘 들은 팟캐스트에 따르면 다음과 같다.

1) 캘리포니아는 주택난이 심각하다. 계속 집을 공급해야 하는데, 가장 쉬운 방법이 빈 땅을 개발하는 거다. 게다가 주택 공급이 늦어지면 각 도시가 주 정부에서 받는 보조금도 삭감되니 열심히 지어야 한다. 그런데 이렇게 할 경우 자꾸 자연을 침해하는데, 주택가와 자연이 만나는 지역은 산불의 위험이 크고, 산불이 날 경우 재산과 인명 피해도 커진다(이건 큰 틀에서 보면 중국에서 전염병이 빈번히 발생하는 것과도 비슷하다. 인류의 생활 반경이 넓어지면서 자연과 접촉이 발생하는데, 결국 이럴 때 문제가 생긴다).

2) 산불이 자주 일어나는 지역에서 불에 탄 동네를 재건하는 건 미련한 짓이다. 또 불이 날 것이기 때문이다. 하지만

집은 주민의 재산이다. 게다가 화재보험에 들었기 때문에 타면 다시 짓는다. 또 자연재해로 입은 피해는 바로 원상 복구하는 게 미국인들이 '굳건한 의지'를 보여 주는 수단이 되었다. 따라서 여기가 몇 년 후 불에 탄다는 것은 생각하지 않고 일단 짓고 본다. 물론 이건 현명한 행동이 아니다.

그런데 복구 비용은 보험사와 국가에서 부담한다. 그 돈은 공짜가 아니다. 그러니 타고 짓기를 반복하는 악순환을 끊어야 하지만 어떤 정치인도 주민의 재산권을 포기하게 할 수 없다.

3) 하지만 정치인이 못하는 일을 시장(market)이 한다. 보험사들이 이 지역은 너무 위험하니 보험 상품을 팔지 않겠다고 한 것이다. 화재보험을 들 수 없는 지역에 집을 살 사람은 없다. 그러면 그 지역 부동산 가격은 폭락하고, 사람들은 자산을 잃고, 점점 그 지역을 떠나게 된다. 개인적·단기적으로는 비극이지만, 사회적·장기적으로는 이게 답이다.

그러자 정치가 개입했다. 보험사가 화재 위험 지역에서 계약을 취소하기로 하니 주민들이 반발했고, 캘리포니아 주 정부가 개입해 1년 동안의 유예기간을 갖게 했다. 그게 작년이다. 그리고 올해 다시 대형 산불의 신기록이 깨졌다. 이제 보험사들은 이런 곳에 매년 기록적인 보험금을 지급하다가는 망할 것이고, 이제는 정말로 이 시장을 떠나려고 한다. 지금 캘리포니아가 바로 이 상황에 직면했다. 정치·경제적으로 유례없는 심각한 위기다.

4) 하지만 중·장기적으로 이건 일어날 수밖에 없는 일이다. 기후변화로 저지대 침수 지역을 비롯해 (점점 강력해지는) 허리케인 영향권, 산불 빈발 지역 등 세계 곳곳이 사람이 살기 힘든 지역으로 빠르게 변하고 있다. 결국 사람들은 이주해야 한다.

그런데 캘리포니아에서 보듯, 여기에는 유권자들의 재산이

묶여 있고, 그들의 표가 필요한 정치인들은 이 문제에서 자유로울 수 없다. 이는 캘리포니아만의 문제가 아니다. 캘리포니아는 곧 전 세계에 확산될 현상을 먼저 겪고 있는 것뿐이다. 막연한 미래의 일인 줄 알았던 기후위기는 이렇게 시작되었다.

그리고 기후위기는 (원래도 그랬지만) 반드시 정치와 외교의 영역으로 귀결된다. 조 바이든은 당선 첫날, 약속했던 대로 파리기후협약과 WHO 복귀를 선언했다. 결국 2020년은 여러모로 전 지구적 문제가 종합적으로 수면 위로 드러난 시기였다.

## 언제 마스크를 벗을 수 있을까

2020 SEP 13

파우치 박사에 따르면, 백신이 출시되더라도 1년 안에는 마스크를 쓰지 않고 극장에 갈 수 없다고 한다. 결국 정상 비슷한 세상은 2022년에나 가능한 일.

2021년 문재인과 조 바이든이 미국에서 '마스크 없이' 만났다. 두 사람 모두 백신을 맞았기 때문이다. 한국에서는 여전히 마스크를 쓰라고 하지만 미국 CDC는 백신 접종자는 실내에서 마스크를 벗어도 좋다는 유인책을 제시했다. 하지만 불안감에 마스크를 쓰는 사람이 절반 정도 된다.

## 바이럴 콘텐츠

내가 자랄 때 재미있는 얘기는 모두 TV에서 보았다. 같은 시간에 본 사람은 알고 있고, 그걸 놓친 사람은 본 사람에게 들었다. 하지만 지금은 모두 같은 콘텐츠를 봐도 본 장소가 전부 다르다. 내가 레딧에서 웃긴 영상을 보고 가족 단톡방에 올리면, 아내는 트위터에서 이미 봤다고 하고, 딸아이는 인스타그램에서 봤다고 하고, 아들아이는 '어디선가' 봤다고 한다. 채널은 다 다른데, 모두 지난 12시간 이내에 봤다. 평소에는 각 채널이 서로 다른, 저마다 특화된 콘텐츠를 보여 주는데, 바이럴 콘텐츠가 등장하면 채널을 뛰어넘는다는 얘기다. 종을 뛰어넘는 바이러스와 다를 게 없다는 생각이 들었다.

## ✸ 긴즈버그 대법관의 별세



민권의 위대한 방어벽이던 루스 베이더 긴즈버그 대법관이 별세했다. 트럼프는 보수 판사 임명을 서두를 듯하다.

긴즈버그 대법관이 죽기 전에 손녀를 통해 "내 후임은 다음 번 대통령이 임명하기를 바란다"는 유언을 남겼다고 한다. 물론 그 유언에 법적 구속력이 있는 건 아니다. 하지만 공화당이 새 법관을 임명하려면 엄청난 정치적 부담을 지게 된다. 긴즈버그는 트럼프의 보수 법관 임명을 저지하기 위해 마지막까지 안간힘을 다한 것이다.

나는 존경하는 사람, 특히 살아 있는 사람 중 존경하는 사람이 거의 없는데, 그래도 한 사람을 꼽으라면 긴즈버그라고 얘기하곤 했다. 많은 사람이 나이가 들면서 무뎌지거나 세상일에 둔감해지는데, 긴즈버그는 목표 의식을 절대 잃지 않았다. 한 인간으로서 너무 존경스럽다. 암이 다시 악화됐는데도 숨긴 것은 그걸 빌미로 트럼프가 대법관 교체 여론을 일으킬까 봐서였다(결국 그렇게 됐지만). 그 나이에 암 치료를 받고도 매일 운동하면서 버틴 이유는 자신이 사라지면 의료보험부터 여성의 민권까지 많은 것이 무너질 것을 알고 있었기 때문이다. 정치가 작동을 멈춘 미국에서는 대법원이 최종 결정을 하기 때문이다.

유언과 상관없이 트럼프와 공화당은 보수 대법관 임명을 시도할 것이다. 이번 대선은 최악의 대혼란이 일어날 게 분명하고, 선거 후 한 달이 넘도록 승자가 나타나지 않을 수도 있다. 2000년에는 비슷한 혼란을 대법원의 결정으로 끝냈고, W. 부시가 그렇게 당선되었다. 이번 선거가 그 방향으로 가고 있기 때문에 트럼프는 필사적으로 보수 대법관을 임명해 안전판을 만들려고 할 것이고, 진보 세력은 필사적으로 이를 막으려 할 것이다. 정말로 이 문제로 충돌한다면 BLM, 팬데믹, 서부 대화재는 서곡에 불과할 거다.

아니나 다를까, 상원 원내대표 미치 맥코널이 긴즈버그 대법관이 세상을 떠났다는 소식을 듣고 "대통령이 대법관 후보를 추천하면 상원은 투표하겠다"고 했다. 긴즈버그가 다음 대통령이 뽑힐 때까지 그렇게 하지 말아 달라는 유언을 남겼다는 이야기가 나왔는데 말이다.

트럼프는 자신의 거짓말을 스스로 믿는 사람이지만 맥코널은 돈과 그 돈을 주는 사람을 믿는 사람이다. 트럼프에게 반대했다가 그가 대통령이 되자 최고의 충복이 된 인물이다. 트럼프보다 더 나쁜 인간은 맥코널이라고 얘기하는 미국인이 많다.

이 소식이 전해지자 시위대가 워싱턴에 있는 대법원 앞에 모여 "긴즈버그의 유언을 따르라(Honor her wish)"고 외치는 중.

## ✸ 이공계들이란!

"unionized."

아이들이 자기네 선생님이 이 단어는 전공에 따라 다르게 읽는다고 했단다. 'union-ized(노동조합이 결성된)' vs. 'un-ion-ized(이온화하지 않은)'.

나　　저걸 '언-아이어나이즈'로 읽는 사람이 정말 있을까?

딸　　내가 그랬어(I did).

인문 사회 계열 중에서도 가장 골수에 해당하는 전공만 두 개를 공부했는데 어쩌다 보니 나 빼고 모두 이공계열(STEM)인 집에서 살고 있다.

투쟁!

트럼프가 긴즈버그 대법관의 공석을 '지체 없이' 채우겠다고 트윗을 했다. 미국 정치는 이제 전쟁 모드에 들어가는 듯하다. 토요일 밤에는 연방 대법원 앞에 수만 명이 나와 애도하는 장면을 포착한 사진을 보았다. 이런 사진을 보면 눈물이 난다. 슬픈 감정과는 분명히 다른 건데, 딱히 표현할 말을 모르겠다.

# 평화적 정권 이양



한국이 민주화 과정을 거치면서 중요 목표로 삼은 것이 '평화적 정권 이양'이었다. 한국이 드디어 그걸 해내고 다들 감격했던 기억이 생생하다. 반면 민주주의 선진국이던 미국은 건국 이래로 (대통령이 임기 중 죽거나 암살당한 적은 있어도) 한 번도 실패 없이 평화적 정권 이양이 이루어진 나라다.

그런데 요즘 미국에서 가장 걱정하는 일이 그것이다. 처음으로 평화적 정권 이양에 실패할지도 모른다는 불안이 점점 커지고 있다. 선거 승리 여부를 두고 정권과 국민이, 혹은 두 세력이 무력을 동원할 가능성이 높아지고 있어서다.

그래서 기자가 트럼프에게 물었더니, 평화적 정권 이양을 약속하지 못하겠다는 말을 했다. "무슨 일이 일어나는지 지켜 봐야 할 것 같다(We're going to have to see what happens)." 이게 대통령의 입에서 나올 말인가? 미국의 민주주의가 무너지는 꼴을 보게 될 것 같아 두렵다. 아니, 이런 말을 하는 사람이 대통령이라는 사실은 미국의 민주주의가 이미 훼손되었음을 의미하는지도 모른다.

# 도고르

2020 SEP 25

시베리아의 영구동토층에서 1만 8천 년 전에 죽은 강아지가 발견되었는데, 강아지 이빨과 털까지 생생하게 보존된 상태였다. 이것이 대단한 발견인 이유는 그 시점이 개가 사람과 살기 시작한 시점이기 때문이다.
이 강아지의 별명이 도고르(Dogor)라고 붙었길래 dogo(요즘 dog를 귀엽게 부르는 애칭)+Igor(러시아에서 흔한 이름)인 줄 알았는데, 알고 보니 이 강아지가 발견된 지역에 사는 야쿠트족 말로 '친구'라고. 인터넷에서 강아지를 유전자 복제로 살려 내자는 요청이 쏟아졌다고 한다.

## 이봐, 입 좀 닥치지 않겠나?

2020 SEP 30

드디어 트럼프와 바이든의 첫 대선토론회가 열렸다. 그러나 토론회에서 무슨 일이 벌어져도 선거 결과에는 큰 영향을 미치지 못할 거라는 게 대다수의 전망이다. 유권자들은 이미 오래전에 마음을 굳혔고, 역대 최고의 사전 투표율을 기록 중이다. 토론은 작동을 멈추고 껍데기만 남은 미국 민주주의를 보는 쓸쓸한 행사가 될 가능성이 높다.

아니나 다를까, 정말 엉망진창이었다. 트럼프가 계속 끼어들며 말을 끊자, 바이든이 결국 "이봐, 입 좀 닥치지 않겠나(Will you shut up, man)?"라고 말했다. 이게 대선토론이 맞나 싶다.

사회자가 바이든의 말을 끊지 말라고 해도 트럼프가 계속 주절대자 포기하고 바이든에게 "제가 듣고 있으니 계속하세요"라고 말했지만, 그래도 떠들자 결국 바이든이 말을 멈췄다. 그러자 트럼프도 조용해지더니, 바이든이 말을 시작하자마자 다시 끼어드는 것이었다. 결국 사회자가 화가 나서 "젠틀멘!" 하고 소리를 질렀다. 그러자 트럼프 왈, "쟤도 끊었잖아."

사회자 크리스 월리스(심지어 그는 폭스뉴스 사람인데도!)가 참다 못해 한마디 했다.

"그렇게 계속 끼어들 거면 '끼어들지 않고 2분의 발언 시간을 허용한다'는 조항에 왜 동의하셨습니까(Why did your campaign agree to two minutes uninterrupted if you keep interrupting)!" (트럼프, 그 말에 또 입을 열기 시작하자) "대답하라고 묻는 질문이 아니에요(That was a rhetorical question)!"

초등학교 반장 선거도 이보다는 낫겠다. 슬프다.

어쨌든 오늘 토론에서 트럼프는 바이든에게 "나는 그린 뉴딜을 지지하지 않는다"는 말을 끌어냈고(그런데 이건 이미 알려진 사실이다), 사회자는 트럼프에게 선거 결과를 순순히 받아들이지 않겠다는 말을 받아 냈다(그런데 이것도 이미 알려진 사실이다).

트럼프는 토론 후반부 내내 이번 선거는 최악의 선거이고, 표를 믿을 수 없다는 말을 반복했다. 자신에게 불리한 선거 결과는 모두 가짜라는 판을 까는 작업이다(2016년에도 그랬다, 자기가 이긴 걸 알게 될 때까지). 거짓말을 쏟아 내면 사실과 거짓말이 동등한 가치를 갖는다는 게 트럼프가 인생을 살아온 방법이고, 오늘의 토론 전략이기도 했다.

바이든은 기대보다 잘 버텼다. 원래 토론을 못하는 사람이고 나이까지 많아 리얼리티 쇼로 단련된 트럼프에 말려들기 딱 좋은 상황이었고, 바이든 캠프는 거기에 대비하는 방법을 연습시켰다. 그리고 그게 효과를 발휘한 것 같다. 하지만 바이든을 대선 후보로 만든 사람들, 그리고 지난번에 트럼프를 지지했지만 이번에 바이든을 찍을 것으로 예상되는 사람들은 이번 토론에서 그의 말솜씨와 정책을 들여다보는 게 아니다. 그냥 정상적인 어른이기만 하면 충분했고, 바이든은 남의 말을 끊는 유치원생이 아니라는 걸 보여 줬다.

결국 민주주의가 이 수준으로 전락하나, 하는 한탄이 나오지만, 사실 유권자들이 본선 토론을 보면서 지지 후보를 바꾸는 일은 거의 없다. 하지만 투표를 하러 갈까, 말까 결정할 수는 있다. 그것이 오늘 토론의 효과다.

그렇게 봤을 때 바이든 지지자들이 이번에는 꼭 투표하기로 마음을 굳힌 건 바이든의 말이 아니라, 토론 규칙도 지키지 않고 술 취한 영감처럼 떠든 트럼프다. 바이든은 트럼프를 토론에서 이길 필요가 없고, 그저 트럼프가 민주당 지지자들을 분노하게 하도록 (혹은 2016년에 트럼프를 찍었지만 열성 지지자는 아닌 사람들이 실망하도록) 잘 지켜보면 된다. 바이든이 오늘 성공한 게 그거다.

하지만 그렇다고 바이든이 오늘 토론의 승자라고 말하기는 어렵다. 트럼프도, 바이든도 토론을 못하는 사람들이다. 그냥 나이 든 남성 둘이 나와 미국의 현주소를 보여 줬을 뿐이다. 오늘 토론의 승자는 없지만, 패자는 있다. 미국의 민주주의다. 미국에서는 이번 선거도 트럼프가 승리하면 앞으로 4년이 문제가 아니라, 국민이 민주주의 제도에 실망하게 될 것을 경고하고 있다. 오늘의 토론이 이를 잘 보여 줬다.

그리고… 토론이 끝나자마자 온라인 매장에 등장한 티셔츠. 'WILL YOU SHUT UP, MAN' 미국이 민주주의 국가인지는 모르겠지만, 자본주의 국가인 건 아무도 의심하지 않음!

## 역대급 카르마

2020 OCT 3

트럼프 코로나19 확진. 현재까지 상황을 정리해 보면 이렇다.

— 화요일: 트럼프-바이든 대선토론회가 밤에 열렸다.
— 수요일: 트럼프는 다음 날 선거운동을 위해 이동 중 에어포스원에서 잠을 잤다. 얼마나 흔한 일인지는 모르겠다.
— 목요일: 뉴저지(왜 하필)의 한 골프장에서 모금 운동을 하면서 100명가량과 만났는데, 이때 트럼프가 상당히 지쳐 보였다고 한다. 그리고 검사를 받았는데 확진 판정.
— 금요일: 트럼프는 벌써 가벼운 감기 증상을 보이는 것 같다.

바이든은 음성 판정을 받았다. 트럼프는 바이든이 "맨날 커다란 마스크 쓰고 다닌다"고 조롱했지만, 트럼프의 표현을 빌리자면 "뭐 어쩌겠어(It is what it is)".
대통령 헬기가 월터리드 병원에 착륙하자 구경꾼이 몰렸다. 트럼프는 자기 발로 걸어 헬기에서 내렸다. 같은 증상이 있는 멜라니아는 백악관에 남고 트럼프만 '며칠 동안' 입원할 예정이라고 한다.
트럼프, 멜라니아, 공화당 전국위원장, 공화당 상원의원 두 명에 이어 백악관 선임 고문 캘리앤 콘웨이도 확진 판정을 받았다. 아무리 백악관에 방역 프로토콜이 있어도 최고 보스인 대통령이 대놓고 마스크 쓴 사람들을 루저라고 놀리는 문화에서 마스크를 열심히 찾아 쓰기는 어렵다. 눈 밖에 날까 두

렵고, 보스의 사고와 행동은 밑으로 빠르게 퍼지는 게 권력의 작동 방식이라 그렇다. 실제로 백악관에서 그렇게 느슨했다고 한다. 심지어 오늘 트럼프가 병원에 입원하러 가는 장면을 취재하던 기자가 스태프들이 마스크를 쓰지 않고 돌아다니는 걸 봤고, 자신에게 검사 여부도 묻지 않더란다.

지난 화요일 토론회 때도 트럼프의 가족들은 늦게 들어와 테스트도 받지 않았고, 마스크 착용을 거부했다. 줄줄이 확진 판정을 받는 건 놀라운 일이 아니다. 사람들은 트럼프의 코로나19 감염이 우주의 카르마(karma)라고 웃지만, 밝혀지는 사실을 보면 보통 카르마가 아니라 역대급 카르마다.

그러나 현재 상황은 웃을 수만은 없다. 트럼프가 죽거나 심각한 상황에 빠지지 않는 한, 트럼프 지지자들에게 코로나 바이러스는 여전히 독감과 똑같은 수준의 질환일 뿐이다. "괜찮아", "아무 문제없이 지나갈 거야" 같은 반응이 대부분이다. 그들은 투표소에 몰려나와 투표를 할 거다. 그리고 앞으로 한 달 동안 그의 건강은 뉴스를 도배할 거다. 그럴 수밖에 없다. 이건 공짜 홍보다.

바이든은 트럼프를 조롱할 수 없다. 여성과 장애인을 조롱하는 트럼프와 달리 대부분의 정상적인 사람들은 환자를 조롱하지 않는다. 더 나아가서 트럼프가 별 증상이 없거나, 기저 질환이 없었던 그가 세계 최고 의료진의 도움으로 병을 극복하고 나오면 '코로나 바이러스는 아무것도 아니다'라는 평소의 주장을 증명하면서 스트롱맨의 이미지를 확인할 것이다.

트럼프가 중태에 빠지지 않는 한 그의 감염 소식 자체가 대선의 향방을 바꾸지는 않을 것이다. 오히려 양 진영의 결심만 더 굳을 것이기 때문이다. 하지만 한 달 남은 상황에서 그가 입원해야 한다면 변수가 폭발적으로 증가한다는 게 문제다. 게다가 새로운 변수는 어느 쪽에 유리할지 모른다.

## ✸ 트럼프는 어디에서 코로나19에 감염되었나

트럼프 주변의 많은 사람이 일제히 확진자가 됐다. 알다시피 파우치 박사는 이미 "슈퍼 전파자보다 슈퍼 전파 행사를 조심해야 한다"고 경고했다. 그렇다면 3일 이상의 잠복기를 고려했을 때 트럼프 주변 확진자들을 모두 감염시킬 행사가 무엇이었을까?

지난 토요일 백악관에서 열린 에이미 코니 배럿 판사의 대법원 판사 후보 지명식이다. 사진을 보면 야외에서 열렸지만 많은 사람이 (멜라니아가 재클린 케네디의 색깔을 지우고 새롭게 디자인해서 욕을 먹는) 로즈가든에 다닥다닥 붙어 있음을 알 수 있다.

백악관은 청와대처럼 크지 않다. 그래서 많은 사람을 모아 두면 아무리 야외라도 붙어 앉아야 한다. 그런데 몇몇을 빼고는 마스크를 하지 않고 있다. 그리고 확진자인 마이크 리 상원의원은 이날 마스크도 없이 이 사람 저 사람과 포옹하며 돌아다녔다. 참고로 배럿 판사는 이미 여름에 코로나19를 앓고 회복했다.

바이러스가 공화당과 백악관을 초토화하는 이벤트가 긴즈버그 대법관(의 유언에도)의 공석을 서둘러 채우려는 트럼프와 공화당이 기획한 배럿 판사 지명식이었다는 게 카르마라면 여기에 더해진 고명(cherry on top)은 '대안 진실(alternative truth)'이라며 거짓말을 퍼뜨리던 캘리앤 콘웨이(도 이날 행사 참석자임)의 확진 소식을 캘리앤의 딸이 틱톡에 폭로했다는 사실이다. 엄마는 슈퍼 트럼퍼인데, 아빠는 트럼프 낙선 운동을 하는 희한한 다이내믹을 보여 주는 이 집에서 딸이 "엄마가 하루 종일 집 안에서 콜록거리고 다녔다"면서 엄마가 숨기고 있던 확진 사실을 알려 버린 거다. 그것도 트럼프가 미워하는 틱톡에.

백악관 대변인 케일리 매커내니도 확진되면서 트럼프 주변은 초토화됐다. 매커내니는 자신이 바이러스에 노출된 걸 알고도 기자들 가까이에서 브리핑했다.

## 언론의 중립성

2020 OCT 7

오늘 뉴욕타임스 사설 '미국이여, 조 바이든을 선출하라(Elect Joe Biden, America).'

미국 신문들은 선거를 앞두고 기계적 중립을 지키는 시늉을 하지 않는다. 직업 윤리를 가장 앞에 두면 자신의 판단을 밝힐 수 있다. 프로페셔널리즘이 정치적 중립보다 더 엄격하게 지켜지기 때문에 사람들은 그걸 신뢰하는 것이다. 역설적으로 들리지만, 독자와 대중에게 프로페셔널리즘을 인정받지 못하는 언론사일수록 공정과 균형을 열심히 강조해야 한다.

1) 페이스북은 사람들의 정치 성향을 정확하게 파악하고 있다. '좋아요'를 300개 누른 사용자라면 페이스북이 배우자보다 그 사람을 더 정확하게 파악한다는 얘기는 유명하다. 2) 요즘 페이스북 차원에서 투표 독려 메시지가 자주 뜬다. 코로나19와 관련한 페이스북의 메시지처럼 공익 메시지라고 생각하지만, 한편으로는 그 메시지에 반응/무반응하는 데이터를 기업이 낭비할 거라고 생각하지 않는다.
그렇다면 첫째, 이 데이터로, 그리고 각종 선거 홍보에 반응하는 것을 통해 미국에 사는 특정 사용자가 11월에 투표를 하러 갈지 아닐지 파악할 수 있을까?
둘째, 격전지 유권자/사용자 데이터에서 1)과 2)를 결합해보는 시뮬레이션으로 11월 선거 결과를 짐작하는 게 가능할 것이다.
셋째, 페이스북이 위와 같은 시뮬레이션을 하지 않으리라는 보장이 있을까? 아니, 시뮬레이션을 하고 외부에 밝히지 않아도 법에 저촉되지 않는데, 그리고 사용자 데이터가 석유처럼 파이프로 콸콸 들어오는데 그걸 하지 않을 기업이 있을까? 대선 결과가 자신의 운명을 가를 수 있는데도?
페이스북의 과거를 보면 당연히 하고 있지 않을까. 테크 대기업의 힘이 얼마나 막강하고 위험한지는 이 생각실험만으로도 충분히 짐작할 수 있다. 하지만 더 큰 문제는 우리는 그걸 짐작만 할 뿐이라는 사실이다.

## ✸ 제발 좀! 2020 OCT 11

코로나 바이러스의 2차 대유행이 우리 동네에도 밀려오기 시작했다. 중학교부터 다시 전부 온라인 수업으로 전환됐다. 확진자들을 추적해 본 결과 유대계 회당에서 열린 초막절(sukkot) 행사가 슈퍼 전파 행사(SSE)였다고.

종교인들, 제발 좀! 당신네 신이 이웃 좀 생각하라고 하지 않았나?

## 비극은 반복된다

2020 OCT 13

얼마 전 코네티컷에 있는 한 대학교에 들렀다가 캠퍼스 한구석에 있는 묘지를 발견하고 비석들을 살펴봤다. 사연 없는 무덤이 어디 있겠냐만, 한 비석이 유난히 눈에 띄었다. 아버지와 어린 아들이 한곳에 묻힌 무덤이었다. 아들은 3개월 28일을 살고 1865년에, 목사인 아버지는 28세가 되는 1866년에 세상을 떠났다. 어린 아들과 남편을 1년 만에 모두 잃는 비극을 겪은 아내가 세운 비석인 듯하다.

너무 일찍 죽었다는 것 외에도 두 죽음 사이에 간격이 너무 짧다는 생각이 들었다. 그런데 좀 더 둘러보니 그 작은 묘지에 있는 비석들이 대략 1860~1870년대에 세상을 떠난 사람들이었다.

집에 돌아와 인터넷을 뒤져 보니 1863~1875년에 4차 콜레라 팬데믹이 있었다고 한다. 인도에서 시작해 중동, 유럽을 거쳐 미국까지 왔다고 하는데, 낮에 본 묘지에 묻힌 사람들이 그때 세상을 떠난 게 아닐까 하는 생각이 들었다. 3개월짜리 아기와 28세 청년 아빠의 목숨을 앗아 갔다면 3차 콜레라 팬데믹이었을 수도 있다. 3차는 1832~1866년이었다고 하니, 3차가 끝나자마자 4차가 시작된 것이다. 정말 끈질기게 인류를 괴롭힌 감염병이다.

## ✸ 공기처럼 자연스럽게

2020 OCT 14

트럼프와 백인 우월주의자들이 뉴스를 뒤덮고 있지만, 그와 무관하게 미국 사회의 젠더, 인종 다양성 노력은 지난 몇 년 동안 빠르게 증가하고 있다. 가령 오늘 있었던 애플 아이폰12 발표에서 가장 중요한 부분은 아시아계 여성이 했고, 발표자뿐 아니라, 광고용으로 찍은 영상 속 모델들까지 전반적으로 젠더와 인종을 엄청나게 신경 써서 배치한 게 보였다. 특히 눈에 띈 게 애플홈 관련 제품을 소개하기 위해 등장한 모델 가족이었다. 잘 보면 엄마는 아시안이고 아빠는 흑인이다. 아이들은 흑인이지만 동시에 아시아계 피가 섞인 아이들, 즉 '블래시안(Blasian)'이다.

애플만이 아니다. 얼마 전에 인기를 끈 넷플릭스 다큐멘터리 〈소셜 딜레마〉에 등장하는 가족은 한 걸음 더 나아갔다. 엄마는 백인, 아빠는 흑인, 그런데 아이들 중 첫째와 둘째는 백인이고, 막내딸은 흑인 피가 섞인 아이다. 그러니까 엄마가 두 아이를 낳고 재혼해서 낳은 아이라는 거다. 중요한 건 다큐멘터리에 액자 구성으로 들어간 이 내용에서 이런 설정에 대해 아무 설명을 하지 않는다는 거다. 그냥 물처럼, 공기처럼 자연스럽게 들어가 있다. 시청자에게 억지로 강조하는 게 아니라, 무의식적으로 이것도 노멀이라고 인식시키는 방식이다. 이런 게 의식적인 교육보다 훨씬 뛰어난 효과를 낸다.

어제 라디오에서 대만의 디지털 장관 오드리 탕과 나눈 인터뷰가 나왔다. 탕 장관이 영어를 그렇게 자연스럽게 구사하는 줄 몰랐는데(농담도 문맥에 맞게 적절하게 구사했다), 인터뷰를 한 진행자는 이름이 오드리(Audrey)인 사람의 목소리가 중저음인 이유에 대해 아무 설명도 하지 않았고, 탕 장관이 트랜스젠더라는 사실은 내용에 등장하지 않았다.

동아시아 국가에서 트랜스젠더가 장관이 된 건 엄청난 일이지만, 어제의 인터뷰는 탕 장관이 시빅 해커를 동원해 코로나19 방역을 어떻게 이끌었는지 이야기하는 자리였다. 따라서 트랜스젠더 언급은 등장할 이유가 없었다. 사회가 가야 할 다양성의 다음 단계는 '다르다는 것' 자체에 아무 설명이 필요 없고, '다르다는 사실'에 사람들이 관심을 가지지 않게 되는 것이다.

얼마 전에 딸아이가 줌으로 수업을 하는 모습을 살짝 보여 줬는데(자기 카메라는 꺼진 상태), 교사가 등장하는 창 밑에 교사의 이름이 등장하고 그 옆에 'he/him'이라는 호칭이 붙어 있었다. 최근 미국에서는 자기 이름 옆에 젠더를 어떻게 불러 달라는 표현을 넣는 일이 흔해졌다. 그래도 고등학교 교사가 그렇게 하고 있다는 사실이 흥미로워서 나중에 아이에게 얼마나 흔한 일이냐고 물었더니, 점점 많이 해서 이제는 자연스럽다고 했다.

트랜스젠더 아이가 자신을 (단수인 경우에도) 'they/them'으로 불러 달라고 하거나 (학적에) 기록된 것과는 달리 'she/her', 'he/him'으로 불러 달라고 하기 편하도록 시스젠더 아이나 교사들이 먼저 자발적으로 이를 이름 뒤에 붙인 데 있다. 이렇게 붙일 경우 젠더에 대한 비과학적이고 전통적인 관념을 받아들이지 않고 그 집단이 다양성에 열려 있음을 보여 줄 수 있기 때문이다.

선언과 입법 투쟁 같은 큰 변화를 향한 노력은 반드시 필요하지만, 그 단계를 지난 후에는 이런 디테일의 변화가 따라야 한다. 약자와 소수자의 숨통을 막는 것은 이렇게 일상에 숨은 작은 차별과 고정관념이기 때문이다.

이런 게 눈에 익숙해져야 비로소 50~60대 남성만 가득 등장하는 위원회나 패널이 얼마나 문제인지 보이기 시작한다. 사회 변화에 앞서 미디어의 변화가 중요한 이유이고, 우리나라 드라마에서 '전통적인 가족'을 묘사하는 걸 이제는 끝내야 하는 이유다.

# Covid 15

2020 OCT 15

지난봄 한국에서 '확찐자'라는 농담이 유행했는데, 미국에도 비슷한 농담이 있다는 얘기를 들었다. Covid 15. 이건 'Freshman(1학년생) 15'라는 유명한 표현의 변주다. Freshman 15는 미국에서 대학에 들어가면 15파운드(약 7kg)가 늘어난다고 해서 생긴 말이다. 한국에서는 입시 스트레스로 고등학생 때 체중이 늘었다가 대학에 가서 빠진다고 했는데, 미국에서는 그 반대다.

일단 대학이 공부를 '빡세게' 시키고, 집을 떠나 낯선 환경에서 부모의 간섭 없이 살면서 생활 태도가 엉망이 되는 게 1학년 때다. 게다가 카페테리아에는 먹을 게 넘치고 밤새 공부를 하거나 파티를 하면서 무절제한 생활을 하니 1학년 때 체중이 폭증하고, 2학년이 되면 정신을 차리거나 체중이 증가를 멈춘다고 한다. 그게 Freshman 15인데, 코로나 역시 비슷한 충격을 주기 때문에 Covid 15라고.

## 반독점법과 플랫폼 기업

2020 OCT 16

매일 폭탄처럼 뉴스가 터지는 미국이지만, 오늘은 제법 큰 게 터졌다. 트럼프 진영에서 '조 바이든이 아들 헌터의 소개로 우크라이나 기업가와 만났음을 입증하는 이메일'이라는 뉴욕포스트(친트럼프 타블로이드) 기사를 퍼뜨리려다가 트위터와 페이스북에서 제재를 당했다. 트럼프가 화를 낸 건 당연하고, 공화당 상원의원들이 나서서 이 기업들의 CEO를 소환하겠다고 했다.

플랫폼 기업들에는 안된 일이지만, 이는 이번으로 끝날 문제가 아니다. 앞으로 같은 일은 계속 일어날 테고, 그때마다 제재를 해도, 안 해도 욕먹는 상황이다. 이유는 첫째, 정치가 제대로 작동하지 않기 때문이고 둘째, 테크 기업들이 개인과 사회에서 차지하는 비중이 사실상 정부보다 크고 막강해졌기 때문이다. 목적은 달라도 공화당과 민주당은 모두 이들 기업을 손보겠다고 한다. 그리고 드디어 반독점법 위반 보고서가 나왔다.

그런데 반독점법은 단순히 조항에 따라 판결할 수 있는 게 아니다. 빠르게 변하는 기업 환경에서 기업의 성장을 막지 않고, 동시에 기업이 지나친 영향력을 행사하지 않도록 적절하게 규제하는 일은 예언자의 영역이다. 미래가 어떻게 펼쳐질지 모르기 때문이다(그래서 합병을 허가하거나 불허한 경우, 이후에도 추적해서 그 판단이 옳았는지 틀렸는지 확인한다). 그러니 단순히 법적인 판단이라기보다는 정치 철학적 판단에 가깝다.

## 대통령의 역할

2020 OCT 20

조 바이든이 "대통령다워 보인다(presidential)"는 말을 최근에 두 번 들었다. 한 번은 트럼프가 코로나19에 걸렸다는 소식을 듣고 했던 브리핑 때였고, 다른 한 번은 지난주 타운홀 행사 때 받은 질문에 대한 답 때문이었다. 그 질문은 "당신이 이번에 패배한다면, 그 패배는 미국의 현주소를 어떻게 보여 준다고 생각하느냐?"였다. 즉 '바이든의 패배가 미국이 어떤 나라임을 의미하겠느냐'라는 질문이다.

가장 손쉽게 생각할 수 있는 답은 '미국은 분열된 나라'라는 거다. 그게 사실이다. 그런데 바이든의 답은 그렇지 않았다. 미국은 분열된 나라가 아니라고 했다. 그의 대답은 정말로 '대통령다운' 답이었다.

바이든의 답변을 트럼프의 코로나19 대응과 비교해 볼 필요가 있다. 트럼프는 코로나 바이러스의 심각성을 끝끝내 숨겼다. 덕분에 미국은 전 세계에서 최악의 대응을 한 나라 중 하나가 되었다.

하지만 "트럼프가 바이러스의 위험에 대해 솔직하게 답하지 않고 있지 않느냐"라는 기자의 질문에 한 지지자가 "그럼 그렇게 무서운 질병을 무섭다고 이야기해야겠느냐. 다 괜찮다고 해야 국민이 안심하지"라는 어처구니없는 대답을 하는 걸 들었다. 그렇게 스스로 속는 쪽을 택했다(미국인이 바이러스가 대수롭지 않다고 생각하는 동안 공화당 사람들은 그 정보로 돈을 벌었다).

그렇다면 바이든과 트럼프는 똑같은 거짓말을 한 걸까? 나는 그들이 전달한 정보의 종류가 다르다고 생각한다. 트럼프는 (사람들의 생명이 달린) 구체적 정보를 자신의 정치적 이익을 위해 거짓으로 전달한 것이고, 바이든은 사람들에게 유발 하라리가 이야기하는 '가상의(상상된) 실재(imagined reality)'를 전달한 것이다.

인류 사회를 동물 군집과 다르게 만들어 주는 건 이렇게 공유된 아이디어다. 그게 당장 현실이 아니더라도 충분한 숫자가 공유하면 현실이 되어 사회를 움직이는 (가령 화폐 같은) 시스템. 그걸 만들고 유지하는 게 대통령의 역할이다.

## ✸ 쉬운 게 없다

2020 OCT 21

주말에 너무 바빠 면도를 24시간 넘게 못했다. 수염이 자라 빳빳해진 걸 본 딸아이가 물었다.

딸 면도는 매일 해야 돼(So, you have to shave every day)?

나 음, 매일 해야 하는 일이지. 남자로 살기는 쉬운 게 아냐(Yup, every day. It's not easy to be a man, you know).

딸 와…. 여자 앞에서 그런 대담한 말을(Wow… your audacity…).

## 눈에 보이지 않는 노동

2020 OCT 23

단풍 낙엽이 있는 동네의 풍경이 아름다우려면 지표면과 낙엽의 비율이 중요하다. 적당히 떨어져 있어야 한다. 낙엽이 집 앞 잔디밭이나 도로를 완전히 덮으면 비가 올 경우 미끄러워 위험하고, 오래 치우지 않으면 부서져 가루가 되고, 지저분해진다. 큰 나무들에서 떨어지는 낙엽의 양을 생각하면 일주일에 한두 번은 치워야 한다. 그러니까 낙엽 떨어진 풍경은 노동이 계속 투입되어야 보기 좋고, 보기 좋다면 누군가 시간 혹은 돈을 들여 치운다는 의미다.

## 둘만의 게임

2020 OCT 24

언제 어떻게 시작된 건지는 정확하게 기억을 못하지만 딸아이와 내가 몇 년째 하고 있는 게임 같은 게 있다. 상대방의 물건에 작은 흔적을 남겨 놓고 발견할 때까지 기다리는 것이다. 가령 내가 별 쓸모없는 스티커를 아이가 사용하는 랩톱 밑에 붙여 놓으면, 며칠 혹은 몇 주 후 아이가 발견했다고 알려 준다. 그러면 얼마 후 나는 그 스티커가 내 물건 어딘가에 붙어 있는 걸 가정해야 한다(그렇게 몇 년째 왔다 갔다 해온 스티커는 접착력이 떨어져서 스카치테이프까지 동원).
딸아이는 내가 쓰는 물건(중요하지 않은 포스트잇 같은 종이)에 아주 작은 스마일리를 그려 놓고 내가 발견할 때까지 기다린다. 내가 발견하면 카톡으로 알려 준다. 나랑 놀 때는 이렇게 초등학생 같은 아이가 내년에 고등학교를 졸업한다니.
생각해 보니 오래전 어디선가 이런 글을 읽은 적이 있다. 아버지가 다 자라서 독립한 딸아이와 크루통(샐러드에 넣는 딱딱하게 말린 빵)을 서로 안 먹는다며 상대방 집에 갔을 때 몰래 숨겨 놓으면 발견한 사람이 상대방 집에 갔을 때 다시 몰래 숨겨 놓는다는 이야기. 그래서 뜯지도 않은 크루통이 몇 년째 아빠 집과 딸의 집을 오간다고. 그 얘기를 읽고 어릴 때 딸아이에게 들려준 적이 있는데, 아마 몇 년 후에 둘만의 게임이 시작된 것 같기도 하다. 물론 우리 식구 네 명 중 절반은 터널비전(눈앞에 있는 것에만 집중하는)이 있어 절대 눈치를 못 채는 사람들이고, 나와 딸아이만 이런 걸 잘 발견하기 때문에 둘만 하게 되었다.

## 더 실망할 거리도 없지만

미국에서 하루 확진자가 8만 3천 명으로 최대를 기록했다. 겨울로 접어들면서 학교까지 열었고, 대통령은 자기가 나았으니 문제없다고 하는 사이에 최악의 사태로 들어간다.
생각해 보면 연초에 2차 유행이 더 무섭고 피해가 클 걸 알고 있었다. 앞에 낭떠러지가 있는 걸 알고도 그냥 걸어가는 인간들이 널려 있다. 상황은 지난봄보다 더 나빠지는데, 자기는 이제 지쳤다는 것이다. 유럽도 사태가 심각하다고 하는데, 트럼프 교인들은 "유럽도 마스크를 썼지만 2차 유행이 오지 않았느냐"는 황당한 소리를 한다. 인류 혐오가 생기는 2020년이다.

## 흑인 추기경의 탄생

2020 OCT 25

프란치스코 교황이 최초의 미국 흑인 추기경으로 윌튼 그레고리를 지명했다. 조지 플로이드 사망 사건 때 가장 앞서 BLM 운동을 한 인물이기도 하다.
빈부 격차 문제, 동성 결혼, 이제는 미국 최초의 흑인 추기경까지! 요즘 교황의 행보를 보면, 꽤 급진적이어서 반작용으로 다음에는 '바티칸을 다시 위대하게(Make Vatican Great Again)'라고 외치면서 극보수 교황이 등장할 것 같은 불안감이 든다.

## 음모론은 어떻게 확산되는가

2020 OCT 29

"민주당 사람들은 아이들을 납치해서 성폭행한 후 죽이고 그 피를 마신다", "트럼프는 그렇게 진보 세력에 납치되는 아이들을 구하기 위해 하나님이 보낸 존재". 이런 얘기를 들으면 '에이, 설마 저런 말을 믿는 사람이 어딨어' 하겠지만 (나도 처음에는 그랬다) 충격적으로 많은 사람이 믿고 있다고 한다. 한 (바이든 쪽) 히스패닉 선거운동원이 현장을 돌면서 히스패닉 트럼프 지지자들에게서 들은 지지 이유 중 하나가 "트럼프가 납치되는 아이들을 구하는 후보라고 믿기 때문"이라고 한다.

노년층도 아니고 젊은 층으로 퍼져 나가는 주요 통로 중 하나가 인스타그램이다. 인스타그램에서 인플루언서들이 '무해한 듯 보이는' 문구를 간간이 끼워 넣는 데 익숙해지다 보면 어느덧 그 주장을 믿기 시작한다는 것이다. 어느 순간 자신 주변의 모든 사람이 그 얘기를 하고 있기 때문이다.

## 그래도 계절은 바뀌고

2020 OCT 31

가까운 뉴잉글랜드 지역에 어제 눈이 왔다고 한다.

연초부터 코로나19로 전 세계가 패닉에 빠지며 한 해가 어떻게 흘러갔는지 모르겠다.

## 캘리포니아의 하늘

우리 가족은 2009년 미국 동부의 뉴욕주 롱아일랜드에서 서부 캘리포니아주 샌프란시스코 근처로 이사를 했다. 이삿짐을 트럭으로 보낸 후 약 12일 동안 12개 주를 통과하는 로드트립 끝에 캘리포니아주 경계선에 도착했을 때 약간 낯선 풍경을 마주했다. 다른 주에 들어설 때는 고속도로 옆에 'Welcome to ______'라고 쓰인 표지판을 보는 게 전부였고, 가끔 돈을 내는 톨게이트가 있을 뿐이다. 그런데 캘리포니아 국경은 마치 멕시코나 캐나다처럼 다른 나라에 들어가는 것처럼 관리를 하고 있었다.

톨게이트처럼 생긴 체크포인트에 차를 천천히 세우자 주 방위 군인이 우리 차에 붙은 뉴욕주 번호판을 보고는 "뉴욕에서 여기까지 왔느냐"면서 캘리포니아에 도착한 걸 환영한다며 미소를 지었다. 그러고는 "차에 살아 있는 식물이 있느냐"고 물었다. 무게를 최대한 줄여서 왔기 때문에 당연히 화분 따위는 없었고, 우리는 별문제 없이 주 경계를 통과했다. 나는 '입국 공항에서나 듣는 질문을 하다니, 캘리포니아는 참 유별난 곳이네' 하는 생각을 하며 운전을 계속했다.

그렇게 도착한 캘리포니아는 정말 많은 게 다른 주였다. 그럴 만했다. 이 주가 독립국가였다면 GDP를 기준으로 미국과 중국, 일본, 독일에 이어 전 세계 5위에 해당하는 나라일 만큼 엄청난 부를 자랑하고 있고(실리콘밸리가 있는 주니 당연한 얘기겠지만), 인구 또한 2위인 텍사스보다 1천만 명이 많은 압도적 1위다.

캘리포니아가 다른 주와 차별되는 것은 또 있다. 바로 엄격한 환경법이다. 캘리포니아는 미국 연방법보다 더 강력한 환경법을 제정했다. 특히 대기오염에 관련된 규제가 강력하다. 나는 이런 배경을 알기 전까지만 해도 캘리포니아는 원래 그렇게 공기가 좋은 지역이라고 생각했다. 내가 예전에 살던 다른 주(위스콘신, 펜실베이니아, 뉴욕)의 공기도 서울과는 비교도 안 될 만큼 좋았지만, 북부 캘리포니아의 하늘은 정말 특별한 게 있었다. 비행기를 타고 이륙한 후 스모그와 구름층을 벗어나면 갑자기 쨍하고 공기가 투명해지는 것을 경험해 봤다면, 그게 캘리포니아의 대기 상태라고 해도 과언이 아니다. 그때까지만 해도 선글라스를 잘 쓰지 않던 나였지만 캘리포니아에서는 선글라스 없이는 살 수 없다는 것을 도착한 즉시 깨달았다.

그런데 알고 보니 캘리포니아의 공기는 처음부터 그렇게 좋았던 것은 아니다. 1940년대까지만 해도 샌프란시스코 일대는 스모그로 가득한 공기가 일상이었다고 한다. 자동차들이 내뿜는 매연은 물론이고, 밖에서 쓰레기를 태우는 일도 흔했다고 하니 당연한 일이다. 그 문제를 해결하기 위해서 캘리포니아 북부인 샌프란시스코 근처(보통 'Bay Area'라고 부른다)에서는 1950년대 중반에 대기환경법이 등장했고, 1970년에는 연방정부가 청정공기법(Clean Air Act)을 통과시키면서 각 주가 연방보다 더 강력한 환경 기준을 세우고 강제할 수 있게 했다. 특히 로스앤젤레스가 있는 캘리포니아 남부에서도 극심한 대기오염(스모그와 미세먼지)이 완화되기 시작한 것이 바로 이때였다.

결국 수십 년 전만 해도 한국이나 미국이나 대기오염 수준은 크게 다르지 않았던 셈이다. 단지 캘리포니아주 정부가 연방보다 강력한 환경법을 통해 오염의 원인을 찾아 없애고 있었을 뿐이다. 민간 부문이 잘할 수 있는 일과 정부가 잘할 수 있는 일이 서로 다르다면 환경문제 해결은 항상 정부가 나서야 하는 일이다.

물론 정부가 나선다는 것은 기업들이 함부로 오염 물질을 방류하거나 대기 중에 방출할 수 없다는 뜻이고, 자동차에는 엄격한 매연 저감 장치를 달아야 한다는 뜻이다. 이는 기업에는 비용 증가를 의미한다. 따라서 미국의 기업들은 보수 친기업 정치인을 상대로 끊임없이 로비를 해 환경 기준을 낮추려고 노력한다. 캘리포니아가 대단한 건 이런 기업들의 노력이 잘 먹히지 않기 때문이다. 이는 이 주의 주민들이 강력한 환경법을 원하기 때문인데, 이들이 강력한 환경법을 원하는 이유는 과거에 다른 주보다 더 극심한 오염을 겪었기 때문이다.

트럼프는 대통령이 된 후에 미국 환경청(EPA) 장에 환경보호를 담당하는 부서를 없애고 환경 기준을 완화하는 로비를 해온 스콧 프루잇을 임명했다. 이는 마약 밀매업자에게 마약 단속을 맡긴 것과 다를 바 없었다. 트럼프 행정부는 환경청의 기준을 완화하는 것이 정권의 목표임을 숨기지 않았다. 이 모든 일이 전 세계가 기후위기를 향해 치닫는 중에 일어난 일이다(트럼프는 당선과 함께 파리기후조약을 탈퇴했을 만큼 기후위기 자체를 인정하지 않았다). 그런 트럼프가 연방보다 환경 기준이 높은 캘리포니아를 곱게 봤을 리 없다(게다가 캘리포니아는 철저한 민주당 우세 주이기도 하다).

그런데 캘리포니아는 2025년까지 자동차 연비를 갤런당 36마일로 올리도록 하는 법을 만들었다. 캘리포니아에서 팔리는 차의 연비를 그렇게 높이면 모든 주가 그 혜택을 볼 수밖에 없다. 캘리포니아는 자동차를 가장 많이 구매하는 주이기 때문에 기업이 그곳에서 장사를 하기 위해서는 기준을 따라야 하고, 거기에 맞추기 위해 제품을 만들면 그걸 다른 주, 더 나아가 다른 나라에도 판다. 결국 구매력이 가장 강한 캘리포니아가 가장 강력한 환경법을 적용하는 바람에 다른 지역도 함께 덕을 본 셈이다.

트럼프 행정부는 자동차 기업들과 함께 캘리포니아의 기준을 다시 낮추기 위해 다름 아닌 환경청을 통해 힘을 썼다. 하지만 캘리포니아는 절대로 용납할 수 없다고 연방정부를 상대로 싸웠다. 이 싸움 중 "우리가 연방에서 독립하는 한이 있어도 트럼프의 환경법 약화에 동의할 수 없다"는 말까지 나올 만큼 캘리포니아는 결연했다. 그도 그럴 것이 캘리포니아는 미국 최초의 환경 단체인 시에라 클럽(1892년 샌프란시스코에서 탄생해 미국 50개 주에 지부를 둔다)의 본부가 있는, 환경운동의 요람이자 가장 강력한 보루이기 때문이다.

결국 캘리포니아는 버티는 데 성공했고, 이 과정에서 여론이 나빠지자 자동차 회사들은 연방 정부의 입장과 상관없이 캘리포니아가 세운 연비 개선 목표를 지키겠다고 선언했다. 힘이 있는 주, 혹은 나라가 어떤 일을 할 수 있고, 또 해야 하는지 잘 보여 준 사례다.

우리 가족은 2014년에 캘리포니아를 떠나 다시 동부로 왔다. 돌아올 때도 이삿짐을 트럭으로 보내고 부쩍 큰 아이들을 데리고 대륙을 횡단하는 로드트립을 했다. 그렇게 돌아온 후에도 캘리포니아 관련 뉴스는 마치 고향의 소식을 듣듯 열심히 듣는다.

그런 캘리포니아에서 몇 해 전부터 거의 매년 대형 산불이 나고 있다. 우리가 살던 때도 산불은 매년 일어났지만 이제는 그 규모가 상상을 초월할 만큼 커지고, 앞으로도 피해가 더욱 커질 것으로 예상하고 있다고 한다. 기후 변화와 무관하지 않기 때문이다.

뉴스를 통해 우리가 살던 곳에서 사람들이 밖에서 미세먼지용 마스크를 쓰고 한국제 공기청정기를 방마다 설치하고 있다는 이야기를 들었다. 그렇게 깨끗하던 캘리포니아 북부의 공기가 사라지고 항상 희뿌연 하늘을 보고 있다는 말에 우울해졌다. 깨끗한 환경은 조금만 노력을 게을리하면 언제든 사라질 수 있다는 교훈을 준다.

NOVEMBER
DECEMBER

# 11월

# 12월

## 우리가 기억하고 지켜야 할 것들

## 마지막까지 완벽한

2020 NOV 1

숀 코네리, 바마하의 별장에서 잠을 자던 중 세상을 떠나다니. 너무나 제임스 본드스러운 마무리 아닌가.

## 멍청한 정치가 불러온 최악의 결론

경고를 무시한 트럼프의 선거 유세 집회로 현재 700명 이상이 코로나19로 사망한 것으로 추산된다. 걸려도 상관없다며 직접 참석했다가 병에 걸려 죽은 사람이라면 다윈 이론을 증명한 것으로 생각하겠지만, 그 사람들이 퍼뜨린 결과로 불러온 죽음은 트럼프와 추종자들의 살인 행위라고 생각한다.

## 목숨이 달린 선거

2020 NOV 3

뉴욕시의 매장들이 개표 결과가 폭동으로 이어질 것에 대비하고 있다. 카멀라 해리스는 "선거에 당신의 목숨이 달려 있다고 생각하고 투표하라. 정말로 목숨이 달린 선거다"라고 투표를 독려 중이다. 마치 제3세계 국가에서 선거를 치르는 듯한 분위기다.

## 개표 현황

2020 NOV 5

전 세계가 미국 대선 개표에 집중하는 가운데, 새벽에 미시간주에서 바이든이 역전하며 분위기가 달아올랐다. 개표가 언제 끝날지 아직 누구도 모르지만, 바이든은 차근차근 승리에 다가서고 있는 것으로 보인다.

우습지만 이번 선거의 결론은 폭스뉴스가 최종적으로 내릴 것 같다. 바이든의 승리를 받아들이지 않는 트럼프 지지자들은 NYT, WSJ, CNN, 어느 매체가 예상 결과를 발표해도 불신할 테고, 결국 자신들의 미디어 고향 폭스뉴스가 말해야 그래도 대다수가 수긍할 것이기 때문이다. 폭스뉴스는 당파적인 매체지만 전문가들이 있는 집단이고 이런 숫자를 속이지는 않는다. 그래서 나온 현재 결과는 바이든이 264명을 확보했고, 앞서고 있는 네바다주에서 6명을 더하면 깔끔하게 270명이 된다.

트럼프가 이기려면 네바다를 반드시 막아 내야 할 뿐 아니라, 펜실베이니아, 노스캐롤라이나, 조지아도 모두 이겨야 한다. 그런데 조지아와 펜실베이니아에서 각각 애틀랜타와 필라델피아의 표(대도시 표=민주당 표)가 대거 개표를 기다리고 있거나 개표 중이다. 즉 바이든은 네바다만으로도 이기는데, 이 두 곳에서 어제 벌어진 미시간 대추격전과 같은 역전 쇼를 기대해 볼 만한 상황이다.

물론 패배를 순순히 인정하면 트럼프가 아니다. 트럼프의 인생은 소송으로 점철되어 있다. 무려 3,500건의 소송에 관련되어 있고, 그중 1,900건이 자기가 건 소송이다. 트럼프가 운영한 기업들이 파산을 신청한 것만 6건이다. 장사를 못하면서 소송과 파산으로 빠져나가는 게 습관이 된 사람이라는 평가가 있다. 결국 트럼프는 패배한 선거도 소송으로 빼앗을 계획을 하고 있는 거다.

물론 소송으로 없던 표를 만들어 낼 수는 없다. 핵심은 절차 등을 문제 삼아 바이든이 가져간 표를 무효로 만들려는 것이다.

승패와 무관하게 "국민의 상당수가 소시오패스에게 표를 준" 게 엄연한 현실이라는 얘기를 들었다. 입만 열면 거짓말을 하고, 여성과 장애인, 외국인을 비하하며, 모두가 보는 앞에서 민주주의 제도를 무시하고 적극적으로 파괴하는 사람이 한 번 당선되었으면 우연이라고 할 수 있겠는데, 이번에도 박빙의 승부를 펼쳤다는 건 지난 2016년 트럼프가 당선된 것이 우연이 아니라는 의미다.

좋은 분석이 나오겠지만, 어떤 분석도 이런 현실을 분명하게 인정하는 데서 출발해야 한다.

## 예상했지만

2020 NOV 6

선거운동 내내 트럼프는 지지자들을 선동했다.
"우편투표 하지 말라. 당일에 현장에 가서 하라."
개표가 시작된 후 우편투표에서 밀리자, 트럼프는 이렇게 말했다.
"우편투표는 압도적으로 바이든 표다. 선거 사기가 아니고서 어떻게 그런 일이 가능한가?"
(브리핑 룸에 앉아 있던 기자들 뚜껑 열리는 소리.)

## 운이 좋은 걸까 나쁜 걸까

2020 NOV 7

바이든은 29세에 연방 상원의원이 됐다. 당선은 됐는데 연령 제한에 걸려 몇 달 후에야 업무를 시작할 만큼 젊었다. 바이든처럼 인생 굴곡이 많은 정치인도 찾기 힘들다. 당선 얼마 후 아내와 첫돌 된 딸이 교통사고로 갑자기 세상을 떠났다. 그 충격으로 정치를 포기하고 자살까지 생각했다는데, 주위 사람들이 아들들 때문에라도 살아야 하고, 우울증에서 빠져나오려면 일을 해야 한다고 말했다고 한다.

살아남은 어린 두 아들과 함께 있기 위해 90분 거리인 델라웨어에서 워싱턴 D.C.까지 매일 출퇴근했다. 그 두 아들 중 하나가 바이든이 부통령 재직 중 암으로 사망한 '보'이고, 다른 하나가 약물 중독으로 고생한 '헌터'다. 그를 잘 아는 보좌관은 이런 말을 했다.

"제가 아는 사람 중에 가장 운이 나쁜 사람이 조 바이든입니다. 그런데 제가 아는 사람 중에 가장 운이 좋은 사람도 조 바이든입니다."

당선 후 바이든은 21세기 미국 역사에서 가장 중요한 업적을 남길 기회를 맞이한다. 트럼프 임기 4년에 대한 반발과 미국이 처한 위기가 워낙 심각해 사회가 대대적인 개혁을 요구하기 때문이다. 팬데믹 대응부터 빠르게 추격해 오는 중국과의 경쟁까지, 정부가 나서지 않으면 안 되는 일이 쏟아진다. 1980년대 레이건 행정부 이후로 이어진 (정부의 역할을 축소하려는) 거대한 보수의 물길을 돌릴 기회를 잡았고, 오바마가 할 수 없었던 많은 일이 가능해졌다. 바이든의 운이다.

## 축제

2020 NOV 8

미국의 대도시는 완전 축제 분위기다. 어느 기자의 말을 옮기면 "여기에서 보이지 않는 게 하나 있다면 MAGA(Make America Great Again) 모자입니다".
반면 트럼프의 트위터는 세 시간째 조용하다. 지금 백악관에서 일어나는 일을 생중계하면 시청률 1위일 텐데.

## 시스템의 작동

트럼프는 패배를 인정하지 않고 있지만 미국 비밀경호국은 상관하지 않고 방탄차량을 보내 바이든과 해리스를 보호하기 시작했다. 이런 게 시스템이 정상적으로 작동하는 모습이다.
세계 정상들이 바이든에게 축하한다는 메시지를 보내고 있다. 만약 트럼프가 소송을 벌인다면? (말도 안 되는 소송이지만) 만에 하나 대법원으로 올라간다고 해도 결과가 뒤집힐 가능성은 없다.
그런데 트럼프는 혼자 인정하지 않고 있고, 못난 아들들은 자기 아빠가 이겼다고 우기고 있다. 나는 트럼프 가족이 당분간 더 고집을 부리길 바란다. 저열함의 바닥을 확인하고 싶다.

트럼프는 결국 두 달 뒤 지지자들을 선동했고,
국회의사당에 난입한 지지자들은 국민이 선출한 의원들의
생명을 위협하고 민주주의 절차를 무시, 방해하는 일을
저지르고야 만다.

## 상쾌한 소식

바이든이 취임 첫날 대통령령으로, 혹은 행정부가 단독으로 할 수 있는 조치를 한 번에 쏟아 내서 트럼프의 정책을 폐기할 계획이라고 한다. 1월 20일 취임식이 끝난 직후 파리기후조약에 재가입하겠다는 편지를 UN에 보내고, 팬데믹 대응에 필요한 물자를 관리하는 전국 공급망 총책임자 임명, 공무원 노조 결성 권리 인정, 전쟁 난민 재정착, 홈리스 대책, 중동 국가를 상대로 한 입국 금지 명령 취소 같은 내용을 취임일에 처리할 것으로 보이고, 동맹국 정상들에게 전화를 해서 미국이 잃었던 신뢰를 되찾을 거라는 뉴스를 보았다.

아침에 일어나서 기분 좋은 뉴스를 보는 게 얼마 만인지 모르겠다. 이 상쾌함!

약 2개월 후 바이든은 대통령에 취임했고, 예고했던 조치를 행동에 옮겼다. 대통령이 된 후에도 언론에 나서는 일을 최소화하고 '조용히, 그러나 열심히 일하는 대통령'이라는 이미지를 만들어 냈다. 특히 백신 생산, 접종 확대와 관련해서는 목표를 낮춰 잡고 초과 달성하는 전략을 구사하며 말 많고 탈 많았던 트럼프와 차별화했다.

## 넌 해고야!

2020 NOV 9

바이든 당선이 확정된 후 축하 행렬/시위대가 'You're fired(넌 해고야)!' 팻말을 들고 백악관까지 진출했다. 리얼리티 쇼에서 트럼프가 항상 하던 말이다.

## 새로운 전쟁의 시작

바이든 당선이 확정됐지만, 지금 민주당은 축제 분위기가 아니다. 선거가 끝나자마자 민주당의 중도 진영과 진보 진영은 본격적인 '바이든 초기 어젠다 선점' 싸움을 시작했다. 민주당내 진보 세력은 샌더스가 경선에 실패한 뒤 트럼프 무찌르기라는 공동의 목표로 중도파와 손을 잡았지만, 이런 동맹이 그렇듯 목표가 달성되는 순간 힘겨루기를 시작하는 건 당연한 일이다.

이미 양쪽이 설전을 주고받는 중이다. 민주당 의원들은 펠로시가 AOC를 비롯한 진보 진영을 제대로 제어하지 못해서 많은 민주당 의원들이 '사회주의자' 소리를 들어가며 힘겨운 싸움을 했다고 분노한 상태다. 펠로시는 하원을 지켜 냈지만, 하원의장 자리는 뺏길지 모른다.

이런 비판에 AOC가 가만히 있을 사람이 아니다. "우리가 얼마나 열심히 뛰어 줬는데 비판을 하다니, 제정신이냐"고 반박했다. 그런데 이런 모습은 지금부터 민주당에서 일상적으로 보게 될 테고, 앞으로 워싱턴 정가를 관전하는 중요한 포인트다.

그래도 축하라도 끝난 다음에 하지 왜 벌써부터 싸우는 걸까? 지금부터 1월 취임 때까지 결정되는 내용이 바이든 정권의 전반, 혹은 4년 전체를 규정하기 때문이다. 진보 진영이 밀려서 중도/온건 세력이 주도권을 잡으면 그들이 원하는 수준의 개혁은 물 건너간다.

그런데 이미 진보 세력이 밀리고 있다는 신호가 여기저기에서 나온다. 우선 민주당이 상원을 가져오지 못했기 때문에 (가능성이 전혀 없는 건 아니지만) AOC가 주장하는 근본적 개혁은 힘들어졌다. 공화당과의 협치를 원하는 온건파 바이든에게는 힘이 빠진 상원이 오히려 다행일 수도 있다는 말까지 나온다. 진보 진영은 바이든을 중심으로 한 중도 세력이 자신들을 외면할 수 있다는 사실을 확실하게 인지하고 있다.

그렇다고 바이든이 전투를 치러야 하는 진보 개혁을 미루고 마냥 '워싱턴의 나이스 가이(nice guy)' 역할을 할 수 있느냐면, 그렇지도 않다. 미국 정치의 지각변동이 일어나고 있다는 얘기가 트럼프가 등장한 이후 꾸준히 나오고 있기 때문이다. 소위 '정치 구도 재정렬(political realignment)'이라고 부르는 이 변화는 민주당과 공화당의 성격을 완전히 바꿀지 모른다. 이것이 현실화되면 지금 태어나는 아이들은 훗날 민주당과 공화당을 보면서 우리 세대와는 전혀 다른 생각을 할 것이다. 바이든, AOC, 그리고 트럼프 지지자들의 싸움이 그런 지형 변화에 따른 싸움이다.

## 하이파이

2020 NOV 10

라디오가 하나 더 필요해서 주문했는데, 박스에 'hi-fi'라 적힌 걸 본 딸아이가 물었다.

딸　　하이파이가 뭐야(What is hi-fi)?

나　　너 유튜브에서 로파이 음악 채널 듣지(You know 'lo-fi' music channels on YouTube, right)?

딸　　응(Yeah).

나　　그게 저충실도의 약자야. 하이파이는 고충실도이고 (That's low fidelity. This is high fidelity).

딸　　What(뭐)!

요즘 애들이 이런 걸 알겠어?

## ✸ 하지만 역사는 이날을 기억하겠지 2020 NOV 11

중국의 손안에 들어간 홍콩 정부가 야당 의원 네 명의 의원직을 박탈했고, 다른 야당의원들이 이에 항의하며 동반 사퇴하는 일이 벌어졌다.

홍콩이 이렇게 끝나는구나. 미국의 선거와 취임식 사이에 일어날 수 있는 많은 일 중 하나.

## 학교는 문을 닫는데

2020 NOV 15

오랜만에 맨해튼에 갔더니 상가나 거리 분위기가 거의 90% 회복한 것 같은 느낌이었다. 주차가 쉬울 거라고 생각했는데 차도, 사람도 가득했다. 그런데 집에 돌아와 보니 오늘 뉴욕시 하루 확진율이 3%로 지난 5월 이후 최고치다. 뉴욕시 학교들은 월요일부터 온라인 수업으로 전환된단다.

다들 마스크는 잘 쓰고 있는데, 문제는 식당과 바(bar). 아무리 야외라고 해도 다닥다닥 붙어 앉아서 먹고 마신다. 뉴욕시장이 바 영업시간을 밤 10시로 제한한다고 하자, 어느 의사가 그랬다. "바이러스가 밤에만 활동하나요?" 학부모들은 "바를 닫고 학교를 열어야 하는 것 아니냐"며 강하게 반대하는데, 뉴욕시의 우선순위는 다르다.

## 백신이 희망이다

2020 NOV 17

모더나 백신의 효과가 95%에 이르고 화이자는 90%라고 한다. 무엇이 됐든, 역시 과학이 최고다!

보스턴 지역의 라디오(WGBH)에서 모더나 백신 이야기를 하면서 청취자의 전화를 받는데, 그중 무려 두 명이 바로 그 백신 테스트에 참여한 사람이었다. 바이오 기업이 많은 보스턴 지역이라 그렇다. 나이도 적지 않은 것 같은데 밝은 목소리로 "별 걱정 없이 참여했다"고 말했다. 워낙 정성껏 모니터링을 해 줘서 그렇단다. 참여 비용은 얼마나 받았는지 물어보니 1,200달러를 받았다는 답이 돌아왔다. 그런데 모집할 때 얼마를 준다고 광고하지도 않았고, 돈 때문에 참여한 것도 아니라며 이런 작업에 참여한 데 뿌듯해했다.

그런 사람들이 있는가 하면, 겨울철에 바이러스가 크게 퍼지면서 사재기가 다시 증가하고 있다. 물건은 충분하니까 사지 말라는데도 공포와 욕심에 지배되는 사람들이다.

그리고 트럼프는 바이든 팀이 인수 작업을 요청해도 아직도 자기가 이겼다며 정보를 공유하지 않고 있다. 파우치 박사는 "팬데믹 대처 인수 인계는 릴레이 경주처럼 지금 시작해야 한다"고 강조하는데, 트럼프와 지지자들은 자기네가 진보 세력이 꾸민 음모의 피해자라고 생떼를 쓰는 중이다.

코로나19? 트럼프에게는 별거 아니다. "코로나가 당신의 삶을 지배하게 하지 마라"라고 한다. 자기는 세계 최고 의사들에게 치료받았으니까. 어느 코미디언의 표현에 따르면, 햄버거를 잔뜩 사 들고 굶는 홈리스 앞에 서서 혼자 다 먹으면서 "배고픔이 당신의 삶을 지배하게 하지 마라"라고 말하는 것과 같다.

## 미국이라는 나라가 작동하는 방식

2020 NOV 18

대중은 팬데믹 관련 가짜 뉴스를 퍼뜨리며 최악의 대응을 하고 있지만, 과학자들은 믿을 만한 백신을 벌써 두 개나 만들어 낸 나라. 엘리트가 무지한 대중을 끌고 가는 게 미국이 작동하는 방식이다. 무지한 대중으로 하여금 엘리트를 무시하게 만든 게 트럼프라는 이름의 비극이다.

✸ 25만 명 

25만 명. 확진자 숫자가 아니라, 현재까지 미국에서 코로나19로 죽은 사람의 숫자다. 그중 5만 명은 바이러스의 위험성을 모두가 알고 있던 지난 두 달 동안 죽은 사람들이다. 미국에서 그토록 난리를 떨었던 월남전에서 죽은 미국인이 5만 명이다. 단 몇 달 만에 그 다섯 배 많은 사람이 죽었는데 미국에서는 많이 잡아야 절반만 이 문제를 심각하게 받아들이는 것 같다. 겨울로 들어서면서 환자가 폭증하고 있고, 사망자는 '매일 점보 여객기 몇 대가 떨어지고 있는' 수준이라고 한다.

대중이 이성적인 존재가 아니라는 건 알지만, 그래도 사람들은 프레임에 너무나 약하다. 전쟁에서 죽었다거나, 비행기가 몇 대씩 매일 추락하고 있다면 당장 정부에 책임을 물었을 사람들이 대통령의 (자신에게) 편리한 프레임 설정에 정말로 이게 '감기 수준'이라고 믿는다.

그런데 많은 사람이 지목하는 중요한 원인이 미국의 원죄, 인종주의다. 월남전에서는 젊은 백인 남성들이 죽었고, 9.11 때는 돈을 잘 버는 백인들이 죽었기 때문에 다들 안타까워했고, 그들의 죽음은 중요하게 취급되었으며, 하나의 '이야기'가 되어 사람들의 생각을 바꿨다.

하지만 코로나 바이러스로 죽는 사람 중에는 압도적으로 가난한 흑인과 히스패닉계가 많다. 이들의 죽음은 사라진 하나의 인생, 혹은 한 인격체의 죽음이라는 이야기로 취급되지 않는다. 이야기가 되지 않는 인생은 통계에 불과하다.

영화 〈히든 피겨스〉에서 실존 인물인 흑인 여성 주인공 세 명이 같이 등장하는데 허구의 백인 남성 캐릭터인 케빈 코스트너는 '고뇌하는 두뇌'라는 한 명으로 취급되고, 단독으로 카메라에 잡힌다. 흑인 여성의 인생을 주목하는 영화에서도 한 명으로는 이야기가 부족하다고 생각하는 걸까. 미국은 건국 초기에 의원 숫자/지역구 배정과 세금을 위한 인구통계에서 흑인 한 명을 5분의 3명으로 계산했다(유권자 얘기가 아니다. 이들에게 투표권이 명목상으로라도 생긴 건 100년 뒤의 얘기다). 인간 한 명을 온전한 한 명으로 계산하지 않는 습관은 건국 때부터 지금까지 계속 이어지고 있다. 그래서 인종주의가 미국의 원죄라는 거다.

트럼프와 지지자들은 오늘도 계속 '선거가 조작(rigged)되었다'고 주장하는 중인데, 이에 대한 반트럼프 진영의 반박은 다음과 같다.

"우리가 선거를 조작했으면 상원에서 민주당이 지게 놔 뒀을 거 같냐?"

하지만 2020년 11월까지 상원 투표에서 밀리고 있던 민주당이 이듬해 1월 실시된 조지아주의 결선 투표에서 전세를 뒤집었고, 상원도 민주당의 차지가 되었다.

# 이사 준비

2020 NOV 21

공교롭게도 뉴저지 집과 (이사해야 할) 로드아일랜드 집 모두 동쪽을 바라보고 있다. 그런데 뉴저지에서는 앞에 집이 있었지만 여기는 탁 트여 있다. 해 뜨기 전 하늘 색이 너무나 좋다. 여기에만 오면 자꾸 새벽에 잠을 깨게 되는 이유이기도.

2차 유행이 한창이던 겨울에 우리 가족은 이사를 해야 했다. 이사할 집 페인트칠과 바닥 공사를 하는 사람들이 하루 종일 마스크를 쓰고 작업했을 것 같지 않아 저녁에 집에 오면 한겨울인데도 30분씩 창문을 열어 두어야 했다. 상황이 이러면 주택 시장이 잠잠할 것 같은데, 전혀 그렇지 않아서 집값은 팬데믹 내내 치솟았다.

## 추수감사절이 지나면

2020 NOV 22

미국에서 어제 하루 코로나19 확진자 숫자가 19만 5천 명을 기록했다. 인구 비례로 따지면 한국에서 하루 확진자가 3만 명이 넘은 셈이다. 하지만 이번 주 추수감사절이 지나면 모든 기록을 갈아 치울 듯하다.

인터넷에서 노스다코타의 한 드라이브 스루 진료소 풍경을 찍은 사진을 보았는데, 공동묘지 앞에 줄지어 대기하게 해 놨다. 공터를 찾다 보니 그렇게 된 것 같지만, 어쨌든 장소는 정말 기가 막히게 잡은 게 아닐까. 조심하지 않으면 어떻게 되는지 말없이 보여 주려는 건가 싶다.

## 의견을 모으는 하나의 방법

2020 NOV 23

지금 사는 곳에서는 야드 워크(yard work: 잔디깎기, 낙엽 치우기 등)를 업체에 돈을 주고 맡겼는데, 이사 가는 곳에서는 우리가 직접 하자는 쪽으로 의견이 모아졌다. 나는 당연히 '리프 블로어'라는 낙엽 청소 기계를 사는 걸로 생각했지만 아이들은 그 시끄러운 물건을 사지 말고 갈퀴로 하자고 주장했다. 나는 힘들 거라고 했지만 자기들이 할 수 있다는 것이다. '리프 블로어'는 남이 쓸 때는 시끄러운 존재지만, 쓰는 사람에게는 편리한 물건이고, 전기를 이용하는 모델은 엔진을 사용하는 것보다 훨씬 조용하다지만 굳이 자기네가 하겠다는 데야 뭐.

그런데 밭일(?)이라는 게 원래 그렇듯, 만만해 보여도 직접 일을 시작하면 갑자기 땅이 넓어진다. 주말 오후에 아이들이 낑낑대며 30갤런짜리 봉투를 여섯 개 채웠는데, 50~60% 정도 끝난 것 같았다. 집에 활엽수가 없어 다른 곳에서 날아온 것들만으로도 이만큼이나 채운 것이다. 다른 집에 비하면 적은 편이다. 나머지는 다음에 올라와서 끝내겠다는 아이들에게 다시 물었다.

나 그래서 리프 블로어에 대해서 어떻게 생각하냐(So, what do you think about a leaf blower now)?

아들 응, 반대하지는 않아(Well, I'm not AGAINST it).

## ✸ 판다, 믹! 2020 NOV 24

워싱턴의 국립동물원에서 올해 태어난 판다 이름을 샤오치지(小奇迹, 작은 기적)라고 정했단다. 엄마가 스물두 살 최고령이고, 2020년은 기적이 필요한 해였으니까.
나는 좀 아쉽다. 믹(Mick)이라는 이름을 사용할 절호의 기회였는데 놓친 거다.
Panda. Mick. Panda Mick.

## 인간의 적응력이란

2020 NOV 25

후추, 향신료의 대명사 매코믹이 촐룰라 핫소스를 산다고 한다. 핫소스는 식재료 중 성장하는 부문인데, 촐룰라는 그 가운데서도 빠르게 성장하는 브랜드다. 눈에 자주 띄길래 별생각 없이 한 병 샀다가 반한 핫소스인데, 타바스코가 맑고 쏘는 맛이라면 촐룰라는 약간 부드럽고 걸쭉한 느낌이랄까. 개인 의견이지만 스크램블드에그에 가장 잘 어울리는 핫소스다.
좀 다른 얘기지만, 태어나서 고추장 외의 핫소스(타바스코)를 처음 맛봤을 때 "왜 달지는 않고 맵기만 하지?" 하고 불평했는데, 익숙해진 후에는 고추장을 먹을 때 "왜 이렇게 달게 만들지?" 하는 생각이 드는 걸 보면서 나란 인간이 참 간사할 만큼 적응이 빠르다는 것을 깨달았다.

## 주가 폭등의 원인

바이든의 인수 작업이 시작되자 주가가 폭등했다. 그러자 트럼프가 갑자기 브리핑 룸에 찾아와 '트럼프 정권'이 잘해서 그렇다며 자화자찬을 늘어놓았다. 이건 정말 치료약도 없다.

## 땡큐 트럼프!

2020 NOV 28

바이든이 이긴 위스콘신주의 한 카운티에서 트럼프 측이 재검표를 해야 한다고 주장해서 (지지자들에게 모금한 돈으로) 300만 달러의 비용을 부담하면서 진행한 결과, 바이든 표가 더 늘었다.

## 문제라는 건 인식할까

2020 DEC 2

한겨레에서 주최한 포럼에서 해외 패널이 대신 사과하는 일이 벌어졌다. 패널 중 여성이 한 명도 없었기 때문이다. 한겨레 포럼뿐 아니라 한국에서 열리는 많은 행사가 패널의 여성 비율에 신경조차 쓰지 않는 경우가 대부분이다.

한국 사회가 이런 지적과 항의를 받은 게 어제오늘 일도 아닌 만큼, 부끄러운 줄 알아야 한다. 서구 국가들도 예전에 이랬던 건 맞다. 하지만 빠르게 변하고 있다. 이제는 성별 균형 수준이 아니라 인종까지 고려하고, 만약 홍보물이라면 단순한 성별을 넘어 성 소수자를 포함한 젠더 다양성과 장애인도 포함시키는 고차방정식이 된다. 그러다 보니 남녀 성비에조차 관심이 없는 한국이 크게 뒤떨어져 보이는 게 사실이다.

## 하루에 3,100명

2020 DEC 3

미국이 하루 코로나19 사망자 3,100명을 기록했다. 확진자가 아니라 사망자. 3천 명이면 세계를 놀라게 한 9.11 때 사망자 수준이다. 그 정도의 일이 당분간 매일 일어나는 셈이다.

어제 버니 샌더스가 현재 벳지 디보스 교육부 장관을 사상 최악의 교육부 장관이라고 비난했다. 공교육을 무너뜨리고 차별을 키우는 조치를 의도적, 적극적으로 수행한, 반(anti) 교육부 장관이다. 샌더스의 말에 사람들은 '디보스는 역대 최악의 교육부 장관이 아니라, 역대 최악의 장관'이라고 답했다. 그런데 현 법무부 장관도, 국무부(외교부) 장관도 역대 최악이라는 비판을 받는다. 하나같이 자기가 맡은 기관을 약화시키고, 이제까지 쌓아 온 성과를 무너뜨렸다. 가령 환경청장에 기후변화에 반대하는 로비를 해 온 인물을 앉혀서 이제까지의 노력을 무너뜨리는 식이다.

하루에 3,100명의 목숨이 사라지는 일은 충격적이지만, 지난 4년 동안 미국에서 진행된 일을 보면 놀라운 일이 아니다. 정부를 미워하는 사람들이 정부 요직을 차지하면 생길 수밖에 없는 일이다. 정부가 가장 필요한 순간에 정부가 없는 것이다.

게다가 트럼프는 2024년에 재출마하기로 마음을 굳혔다고 한다. 바이든 취임식 때 발표하는 걸 생각 중이라고. 치졸함은 나이와 무관함을 끊임없이 확인시켜 주는 인간이다.

# 불행 중 다행

2020 DEC 4

며칠 전 윌리엄 바 법무부 장관이 "선거 결과를 바꿀 만한 부정이 발견되지 않았다"고 발표해 미국 언론이 크게 보도했다. 부정이 발견되지 않았다는 거야 모르는 사실이 아닌데, 트럼프의 충복 중 충복인 윌리엄 바가 트럼프의 주장을 정면으로 반박하는 이야기를 한 배경에 관심이 쏠렸다. 원칙대로 돌아가지 않는 조직, 개인의 의중이 중요한 조직이 이렇게 쓸데없는 추측과 루머로 에너지를 낭비한다.

그런데 트럼프가 법무부 장관을 해임하려 한다는 소식이 익명의 백악관 직원으로부터 새어 나왔다. 가장 꼴 보기 싫은 두 사람의 싸움에 미국인들은 팝콘 준비 각이다. 나쁜 사람이 반드시 무능한 건 아닌데, 트럼프와 측근들은 그 둘의 교집합이라 장기 집권이 힘든 거다(선거 결과를 보면 트럼프는 이번 선거에서 이길 수 있었다. 팬데믹 대응에 그저 다른 나라 흉내만 냈어도 아마 재선에 성공했을 거다). 그 무능함이 불행 중 다행이랄까.

# 젠더 유동성

2020 DEC 7

딸아이 또래 여자아이들(과 다양한 세대의 여성들) 사이에 큰 인기를 끌고 있는 배우 해리 스타일스는 종종 드레스를 입고 사진을 찍는다. 스타일스의 이런 크로스 드레싱은 자신의 젠더 정체성과 무관한 것으로 알고 있다. 그런데도 이렇게 입고 사진 찍는 이유를 두고 아이들과 이야기를 했다. 젠더 유동성(gender fluidity)을 비롯해 다양한 얘기가 나왔다. 분명한 건 2020년의 10대는 우리가 자랄 때와는 아주 다른 환경에 있다는 사실이다. 과거의 엄격한 이분법적 성 역할은 하나의 연기일 뿐, 누구나 원하는 젠더 정체성을 선택할 수 있고, 친구나 스타의 선택을 있는 그대로 존중한다.

지난주에는 배우 엘런 페이지가 자신이 트랜스젠더라고 밝혔다. 그래서 이름도 앞으로는 엘리엇 페이지로 사용한다(위키피디아를 비롯한 모든 웹사이트, 데이터베이스는 발표가 나오는 즉시 새로운 이름으로 바뀌었다. 이 속도 자체도 의미 있는 변화다).

엘리엇 페이지는 이미 2014년에 자신이 게이임을 밝히는 커밍아웃을 했다. 말하자면 이번이 두 번째 커밍아웃인 셈이다. 본인으로서는 자신의 정체성을 찾아 가는 여정이고, 그걸 지켜보는 관객/팬/대중으로서는 인류가 역사적으로 유지해 온 이분법적 성 구분이 개인에 얼마나 큰 압력을 행사해 왔는지 확인하는 계기다.

하지만 배우, 특히 할리우드에서 '여배우'로 출발한 배우에게 이런 선언을 하는 것은 절대 쉬운 일이 아니다. 여기에 모순이 있다. 배우는 자신이 아닌 다른 인물을 연기하는 사람이기 때문이다. 그렇다면 자신의 정체성은 직업을 유지하는 데 아무런 문제가 없어야 한다. 그럼에도 할리우드 배우들은 다른 어떤 일을 하는 사람보다 큰 압력을 받아 왔다.

몇 달 전 긴즈버그 대법관이 세상을 떠났을 때 그의 말을 소개한 적이 있었지만, 이번에 한 번 더 소개해야겠다고 생각하게 된 사건이 있었다. 긴즈버그의 후임으로 임명된 에이미 배럿 대법관으로 구성된 보수 대법원(6:3)에서 이번에 뉴욕주의 코로나19 방역 조치가 위헌이라는 판결을 내린 것이다.
우리나라에서도 비슷한 조치에 일부 종교 단체가 반발해서 유명하지만, 뉴욕에서 주지사가 내린 다수가 참석하는 집회를 제한하는 명령이 종교의 자유를 억압하는 결정이라는 어처구니없는 판결이다. 보수적인 대법원장까지 나서서 진보 법관들의 편을 들어줬지만, 5:4로 결정 났다. 개인적인 생각이지만, 법관의 종교적 신념이 개입한 최악의 판결 중 하나로 보인다.
그런데 긴즈버그는 생전에 (정확하게는 작년 11월에) 대법원이 내린 잘못된 판결에 자신이 소수 의견을 적는 이유를 설명한 적이 있다.

> 반대 의견(소수 의견)을 쓸 때는 의회가 변화(새로운 법)를 만들어 내도록 하거나, 아니면 이후에 올 미래의 대법원이 전임자들이 저지른 실수가 어떤 것인지 확인할 수 있게 하는 것입니다. 많은 소수 의견이 금방, 혹은 긴 시간이 흐른 후에 다수 의견이 됩니다. 따라서 저는 소수 의견을 쓸 때마다 의회의 새로운 입법, 혹은 미래의 대법원이 과거의 잘못된 결정을 뒤엎을 것을 기대합니다(So you can be writing a dissent to get Congress to make a change or to affect a later

court that will see the error that its predecessor made. Many losses turn out either immediately or in the long run to be winners. So every time I write a dissent I'm hoping for one result—either congressional change or the other that the court will overrule its prior wrong decision).

대법원이라는 세속적인 기관이 왜 종교 단체와 다른지, 민주주의 사회에서 법과 제도가 어떻게 발전되었는지 생각하게 해 주는 말이다.

## 본인들만 모르는 냄새

2020 DEC 9

지난 투표 때 뉴저지에서 마리화나를 합법화하기로 한 후로 단순 소지자는 검거하지 않고 있다. 덕분에 밖에서 마리화나 냄새를 맡는 일이 흔해졌다. 오늘은 월마트 안에서도, H마트 주차장에서도 마리화나 냄새가 났다.
마리화나를 피우는 건 반대하지 않는데, 그 냄새가 영 별로다. 담배 냄새처럼 코를 찌르지는 않는데 (종류에 따라서는) 스컹크 냄새와 아주 비슷하다. 한번은 아이들이 누가 동네에서 창문을 열고 마리화나를 피운 것 같다고 불평했는데, 산책을 하다 보니 스컹크가 차에 치여 죽어 있었다. 스컹크를 치어 죽인 차를 다시 탈 수 있을까?
아무튼 그만큼 냄새가 흡사하고 역겨워서 가급적이면 그냥 에더블(edible, 마리화나가 들어간 쿠키 등의 제품)로 복용하길 권하고 싶다.

이제 마리화나 냄새는 잔디를 깎은 후에 나는 냄새만큼이나 미국을 상징하는 냄새가 된 듯하다.

# 빈부 격차

한국에 있는 교수님들과 단체로 줌을 하면서 발견한 사실은 절반 이상의 교수님들이 책이 꽉 찬 책장을 배경으로 한다는 사실이다. 책 자랑을 하려는 게 아니라, 거실이나 서재에서 화상회의를 하다 보니 집 안에 가득한 책이 드러난 거다. 그런데 다들 사는 공간이 비슷한(=아파트) 한국과 달리 미국은 사는 방식이 천차만별이다. 따라서 개성도 드러나고, 빈부 격차도 드러난다.

1) 부모님 집에 얹혀사는 고등학생이나 학부생은 방 크기로 빈부 차이가 보인다. 대부분 방 천장이 지붕 깎인 모습이 드러나는 작은 2층 방이지만, 어마어마하게 큰 방을 자랑하는 아이들도 있다. 비싼 스니커를 수집·진열해 둔 아이에게는 줌 수업이 자랑할 기회도 된다. 그런 아이들과 배경으로 부엌이 보이는 좁은 집 거실에서 어쩔 수 없이 온 가족이 들락거리는 모습을 공개하게 되는 아이들이 한 화면에 등장하면 비교가 되는 건 피할 수 없다.

2) 혼자, 혹은 파트너와 작은 아파트에서 동거하는 20~30대 대학원생, 포스닥은 화면 뒤로 불가피하게 파트너를 노출하는 상황이 발생한다. 집이 좁아서 어쩔 수 없다. 가상 배경을 넣는 사람 대부분이 이 집단에 속한다.

3) 조교수급이 되면 서재, 혹은 최소한 정돈되고 조용한 방이나 집을 가지고 있고 거기에서 방해받지 않고 화상회의에 참석한다. 대단하게 보여 줄 건 없어도 최소한 가상 배경은 면한다.

4) 정교수급이 되면 서재를 제대로 갖춘 게 보인다. 집

에서 줌을 하는 경우 웬만한 중산층 안방 크기의 서재에 좋은(대개는 흰색) 책장에 책이 여유 있게(=촘촘하지 않게, 즉 모양에 신경 쓴 흔적이 보이도록) 꽂혀 있다. 물론 책이 넘쳐나는 사람도 많다. 이건 전공이나 본인의 성격에 따라 달라지는 것 같다. 무엇보다 창문도 많고 넓어서 조명도 자연 채광인 경우가 많다. 자연 채광은 곧 경제력이다.

5) 학장, 총장급이 되면 서재 혹은 집무실이 거대해진다. 밝은 자연 채광은 말할 것도 없고, 뒤에 소파도 보이고, 소파 옆 사이드 테이블에 꽃도 꽂혀 있다. 카메라 화질도 제일 좋은 사람들이다.

뉴욕타임스에서 화상 인터뷰를 한 유명인들 뒤에 보이는 책장에 어떤 책이 꽂혀 있는지 찾아낸 흥미로운 기사를 썼다(이런 시도, 참 뉴욕타임스답다. 영혼 없는 기사를 찍어 내는 언론사는 꿈도 꾸지 못하는 일이다).

다 흥미로운데, 마지막에 등장하는 아마존의 제프 베이조스가 제일 웃긴다. 철 지난 책을 모양 삼아 꽂아 둔 게 보이는데, 이 기사를 기획한 사람들이 베이조스를 비웃는 게 분명해 보인다. "서점을 다 망하게 하고 지구에서 가장 큰 서점을 운영한다는 사람의 책장이 꼴랑 이거냐? 당신, 책 안 읽지?" 이게 행간의 의미다. 그래서 다른 사람들과 비교되도록 가장 마지막에 배치했다. 물론 절대 내놓고 이야기하지 않는다. 이 역시 뉴욕타임스다운 짓이다.

## 변화에 재빠른 플랫폼

2020 DEC 14

친구들이 거실에 모여 영화를 함께 보는 즐거움을 누리지 못하게 되자 각자의 집에서 동시에 영화를 보면서 화상통화를 하는 사람들이 늘어났다. 그러자 스트리밍 서비스들은 '워치 파티(watch party)' 기능을 서비스하기 시작했다. 서비스를 먼저 내놓고 사람들의 행동이 바뀌기를 기다리는 경우가 있고, 사람들의 행동 변화를 관찰하고 그걸 반영한 서비스를 만드는 경우가 있다(물론 전자도 성공하는 케이스를 보면 변화를 누구보다 빨리, 민감하게 감지하고 있다).

특히 소셜 네트워크 서비스는 이런 데 민감하다. 오늘이 미국인이 가장 많이 죽은 날이라는 얘기가 담긴 포스트를 그림 파일로 전달받아 페이스북에 올리자마자 즉시 알림이 떴다. 내가 공유한 내용이 사실과 다르다는 것이다. 이 내용을 그림 파일로 파악한 것이다. 놀랍다. 물론 내가 공유한 그 포스트에도 코로나19 관련 안내문이 붙었다.

## 폭설

2020 DEC 17

이번 겨울 첫눈이 폭설이다. 길에 쌓이는 눈보다 나무에 떨어지는 눈이 더 걱정이다. 나뭇가지가 부러지면서 전선이 끊기면 전기와 인터넷이 끊긴다. 전기가 끊기면 보일러와 히터 사용이 불가능하니 총체적 난국인데, 미국에는 이런 지역이 너무 많다.

자고 일어났더니 눈이 꽤 쌓였는데도 내리고 또 내린다. 다행히 정전은 없었고, 인터넷도 온전한데 치울 눈이 많으니 좀 걱정이다. (눈 치워야 할) 아이들이 힘들까 봐.

## 책상 정리는 마감 직전에

2020 DEC 18

이사 준비를 하면서 책을 정리할 일이 막막했는데, 써야 할 원고가 밀리자 매일매일 책 정리에 집중해서 다 끝냈다. 역시….

## 그걸 핑계라고

2020 DEC 19

스탠퍼드 대학 병원 의료진이 시위를 하고 있다. 이 병원에 코로나19 백신이 5천 개 배정되었는데, 그중 코로나19를 검사하기 위해 환자를 직접 만나야 하는 레지던트들에게는 달랑 7개가 돌아갔기 때문이다. 나머지는 바이러스에 노출될 가능성이 적은 의료진, 즉 코로나 음성 판정을 받은 환자를 만나는 의료진, 고위직 의사, 그리고 환자를 만날 이유가 없이 재택근무를 하는 관리직에게 배정되었다.

이 어이없는 상황에 항의하는 시위를 하자 스탠퍼드 병원 측은 '알고리듬에 의해 선정된 것'이라는 변명을 했다고 한다. 하지만 알고리듬은 사람들의 이해관계와 편견을 반영하는 것일 뿐 가치중립적이지 않고, 핑계가 될 수도 없다.

비슷한 상황은 한국을 비롯해 세계 곳곳에서 일어날 테고, 그 과정에서 조직과 사회의 수준이 드러날 것이다. 분명한 원칙을 미리 세워서 알리고 투명한 절차에 따라 운영해야 한다.

# 변이 바이러스

2020 DEC 23

파우치 박사가 영국에서 퍼진 코로나 바이러스 변종(B.1.1.7)이 이미 미국에 퍼지고 있을 거라고 경고했다. 물론 아직 환자가 발견되지는 않았지만, 지난봄에도 코로나19가 발견되기 한참 전에 퍼지고 있었으니 이번에도 다르지 않을 것으로 보인다. 변종에 대해 알려진 사실은 다음과 같다.

— 코로나 바이러스는 이미 계속 변이하고 있었다.
— 하지만 이번 변종은 확산력이 60% 정도 더 높다.
— 게다가 이 변종은 어린아이들도 잘 걸리는 것 같다.
— 다만 사망률이 더 높은 것 같지 않다.
— 백신이 변종에도 효력이 있을 것으로 판단된다.

열흘도 남지 않은 2020년을 정말 막판까지 괴롭히는구나.

## ✸ 올해를 가장 잘 보여 주는 표현

2020 DEC 25

워싱턴 포스트가 독자들에게 2020년을 설명하는 단어나 문장을 보내 달라고 했는데, 아홉 살짜리가 이런 글을 보내왔다고 한다.

"양쪽을 모두 확인한 후 길을 건너다가 잠수함에 치인 듯한 기분(It's like looking both ways before crossing the street and then getting hit by a submarine)."

그 밖에 올해를 가장 잘 보여 주는 표현 하나.

"마이크 꺼져 있어요(You're on mute)."

줌 회의 때마다 반드시 한 번은 듣게 되는 말.

## 백신 새치기

2020 DEC 26

코로나19의 위험성을 무시하고 마스크 착용을 거부했던 공화당 의원들이 순서를 새치기해서 일선 의사들보다 먼저 백신을 맞고 있다고 한다. 양심도, 염치도 없는 인간들.

# 2020년 마지막 날

2020 DEC 31

2020년이 한 시간 남은 한국에 계신 분들과 묵은 해 인사를 하고 31일 아침을 시작하려니, 화성에 홀로 남겨진 영화 〈마션〉의 주인공이 떠오른달까. 다사다난한 2020년의 마지막 날이라니. 기분이 영 묘하다. 작년 이맘때는 새해에 무슨 날벼락이 닥칠지 전혀 모르고 또 한 해가 가는구나 싶었는데, 지금은 당장 내일 또 무슨 일이 벌어질까 두려움 반….
나쁜 습관을 버리거나 새로운 습관을 만들려면 이사를 하거나 긴 여행을 할 때 하라는 말이 있다. 습관에는 그걸 반복하게 만드는 무의식적인 큐(cue)가 있는데, 그것이 (그 습관을 반복한) 익숙한 장소에서 비롯되는 경우가 많기 때문이다. 그래서 새로 이사한 곳에서 나쁜 습관을 없애고 새로운 습관을 익히는 중이다. 마침 해도 바뀌는 바람에 이래저래 한 번에.

그리고… 2021년 새해 벽두부터 트럼프 지지자들이 국회의사당에 난입하는 초유의 사태가 벌어졌다. 정말, 한 치 앞도 모르는 인생.

## 모두가 싫어한 후보

뉴욕타임스와 그 신문에 글을 쓰는 칼럼니스트들은 대선 후보에 대한 예측이 틀릴 때가 많다. 2007년 버락 오바마가 대선에 뛰어들자 한 유명 칼럼니스트는 오바마는 젊으니 앞으로도 기회가 있을 거고, 이번에는 힐러리 클린턴이 되어야 한다고 했다. 하지만 오바마의 정치적 멘토였던 테드 케네디 상원의원은 오바마에게 정치인에게 대선 출마 기회는 쉽게 다시 오지 않는다면서 지금 출마하라고 권했다. 결과를 보면 칼럼니스트의 전망보다 경험 많은 정치인의 충고가 더 정확했다.

2019년에도 비슷한 일이 있었다. 오바마의 러닝 메이트이자 재임 기간 부통령이었던 조 바이든이 2020년 대선에 나설 뜻을 밝히자 그와 친하다는 뉴욕타임스 칼럼니스트가 칼럼을 통해 만류했다. 이미 많은 일을 했는데(즉 나이가 많은데) 이번에 나서면 사람들이 그를 물어뜯을 것이라는 걱정이었다. 이길 가망이 없는데 나서서 말년에 상처만 입고 물러나는 걸 보고 싶지 않다는 우정 어린 충고였다. 물론 결과가 어떻게 되었는지는 우리 모두 알고 있다.

그런데 그 칼럼니스트가 유난을 떤 게 아니었다. 조 바이든의 출마를 좋아하는 사람이 하나도 없었다. 공화당과 트럼프 지지자들이 민주당 후보를 싫어하는 건 당연한 일이겠지만, 민주당 내에서도 너무 인기가 없었다. 개인적으로는 크게 흠이 없는 인물로 받아들여졌지만, 연설을 잘 못하고 말실수가 많았다. 트럼프는 바이든이 사람들을 흥분시키는 에너지가 없다며 '슬리피 조'라 부르며 조롱했는데, 민주당 지지자들의 생각도 크게 다르지 않았다.

그리고 그런 생각은 2019년 후반에 민주당 경선이 시작되자 사실로 드러났다. 토론회에서 조 바이든은 젊고 쟁쟁한 도전자들의 집중 공격을 받았고, 제대로 받아치지도 못했다. 선거 유세 연설은 더 형편없어서 언론의 헤드라인을 장식하지 못했다. 반면 엘리자베스 워런을 비롯한 경쟁자들은 어마어마한 청중을 끌어들이면서 승승장구했다. 물론 바이든의 전국 지지율은 높았지만 사람들은 그게 그가 부통령이었기 때문에 얻은 이름값 덕이고, 곧 꺼질 거품이라고 생각했다. 실제로 경선이 시작된 후 초반에 4~5위를 하면서 줄줄이 패했고, 그 예측을 증명하는 듯했다. 하지만 사우스캐롤라이나에서 흑인 유권자의 강력한 지지를 확인하면서 승리했고, 전세를 뒤집고 미국 대선 역사상 최대의 역전극을 벌이며 민주당 후보가 되었고, 2020년 11월에는 트럼프를 꺾고 대통령이 되었다.

바이든의 승리에는 트럼프 대통령이 팬데믹 대처에 완전히 실패하는 등 임기 말 실정이 중요한 요인으로 작용했지만, 그가 자신의 단점을 보완하는 영리한 캠페인을 한 것도 유효했다. 바이든은 자신의 연설이 지지자들을 흥분시키지 못한다는 것을 알고 연설에 방점을 두는 대신, 트럼프의 트윗과 막말에 지친 미국 유권자들에게 '조용히 할 일을 하는 리더'라는 이미지를 전달했다. 언론에서 "도대체 바이든은 선거운동을 하는 거냐, 안 하는 거냐"는 말이 나올 만큼 조용히 움직이면서 트럼프에게 헛점을 보이거나 책잡힐

실수를 막았다. '가만히 놔두면 트럼프가 스스로 표를 갉아먹을 테니 나는 신중한 모습만 보여 주자'는 태도였고, 이 전략은 적중했다.

하지만 바이든이 보여 준 진짜 반전은 경선이나 대선 승리가 아니라, 취임 후 일어난 일이다. 경선 기간 내내 중도·온건 진보를 표방해서 진보적인 유권자들의 미움을 받던 그가 취임 후에는 급진적으로 보일 만큼 진보 세력의 의견을 수용했기 때문이다. 여성, 유색인종, 성 소수자를 중요한 자리에 임명하는 것부터 시작해서 프랭클린 D. 루스벨트의 뉴딜 이후로 최대의 인프라 투자 계획을 발표하는 등 다양한 진보적 행보로 경선 내내 바이든의 노선에 저항했던 워런과 AOC 등 당내 진보 세력의 불만을 잠재웠다. 그뿐 아니라, 그의 진보 정책에 반발할 법한 중도층도 별다른 반발을 하지 않았다. 전 국민을 대상으로 한 조사에서도 지지율이 높다.

물론 아직 임기 초 '허니문 기간'이라는 걸 감안해야 하지만 사람들은 바이든의 지지율에서 이제까지와는 조금 다른 현상을 본다. '민주주의 정치에서 리더의 역할은 무엇인가'라는 질문에 하나의 정답은 없지만, 국민과의 소통은 항상 가장 중요한 역할 중 하나다. 나라를 옳은(혹은 자신이 옳다고 생각하는) 방향으로 이끌어 가기 위해서는 국민을 설득해서 국론을 모아야 하고, 그러기 위해서는 유권자들과의 소통이 필수이기 때문이다.

그런데 근래 들어 매스미디어 외에도 소셜 미디어의 비중이 커지면서 많은 나라에서 대통령, 혹은 리더의 소통은 자신의 지지자를 열광시키는 치어리더의 역할 쪽으로 빠르게 바뀌어 왔다. 이건 특정 리더의 선택이기도 하지만, 증폭

(amplification)의 알고리듬을 지닌 소셜 미디어에 내재된 작동 방식 때문이기도 하다. 그런 작동 방식의 결정체가 바로 트럼프다. 그는 소셜 미디어를 통해 당선되었고, 소셜 미디어로 통치했다. 하지만 트럼프 임기 4년간 사람들은 지쳐 갔다. 지지자들은 여전히 그의 말을 좋아했지만 그를 뽑는 데 결정적인 역할을 했던 중도층은 트위터 피로감을 호소하며 선거운동을 하는지도 모르겠다는 바이든 쪽으로 기울었다.

내가 이 글을 쓰는 지금(2021년 5월)까지 바이든은 국민과는 꼭 필요한 수준의 소통만 유지하고 커튼 뒤에서 일하는 중이다. 팔레스타인과 이스라엘 사이에 무력 충돌이 벌어져 많은 민간인이 사망했지만, 바이든은 공개 발언을 삼가고 막후 교섭으로 휴전을 이끌어 냈다. 대통령이 이스라엘이나 하마스(팔레스타인 무장 단체)에게 공격 중지를 요구하지 않는다는 불만이 나왔지만, 미국의 대통령이 공개 성명을 발표한다고 해결될 문제가 아니라는 걸 아는 대다수 미국인은 조용히 일하는 바이든에 만족했다.

이런 현상이 트럼프 4년에 대한 피로감으로 나타난 일시적이고 예외적인 현상인지, 아니면 사람들이 원하는 리더의 상이 바뀌고 있는 것인지는 좀 더 지켜봐야 할 것 같다. 하지만 팬데믹을 거치면서 과학과 의학, 전문가에 대한 대중의 신뢰가 높아진 것과 분리해서 생각하기는 힘들다. 세상이 위기를 만나자 듣고 싶어 하는 말을 시원하게 쏟아 내는 인플루언서나 선동적인 정치인이 아닌 전문가가 우리를 지켜 주더라는 깨달음은, 바이든이 재미없고 지루해서 모두가 싫어했지만 결국 자기가 할 일을 잘하니까 좋다는 미국인의 여론 변화와 다르지 않다.

요즘 들어 비슷한 꿈을 종종 꾼다. 보통 새벽에 너무 일찍 깼다가 다시 잠이 들거나, 오후에 잠깐 눈을 붙이는 사이에 짧게 꾸는 꿈이다.
아니, 정확하게는 꿈이라고 말하기도 힘들다. 그냥 어떤 장면, 어느 순간이 잠시, 그러나 아주 생생하게 떠올랐다 사라지는 게 전부다. 대부분 10여 년 전 일이고, 꿈이 아니라도 내가 평소에도 기억하는 장면이다. 내 두 아이의 어린 시절 모습이다. 뜨거운 여름날 아이들을 학교에서 픽업해서 함께 걸어오던 공원 길에서 아들아이가 뛰던 장면, 세 살이 채 안 된 딸아이가 의자에 앉은 내 품에 동그랗게 안겨 이마에 땀을 송골송골 흘리며(딸아이는 유독 잘 때 땀을 많이 흘렸다) 자던 모습.
이런 장면들을 단순히 다시 떠올리는 게 아니라, 마치 타임머신을 타고 그때로 돌아가 몇 초 동안 그 순간을 생생하게 다시 사는 듯한 느낌이다. 잠자는 아이의 이마에 내 입술을 대면 따뜻한 이마와 차갑게 식은 땀이 주는 감촉이 있는데, 평소에 잊고 살던 이 느낌이 꿈결에 찾아가면 전혀 훼손되지 않고 생생하게 남아 있다. 잠에서 깨기 직전, 단 몇 초 동안 그때 일을 생생하게 경험한다.
팬데믹 때문에 첫 학기를 휴학한 아들아이가 지난 1월에 멀리 떨어진 다른 주에 위치한 대학교로 떠났고, 딸아이도 오는 8월에 또 다른 대학교로 떠난다. 하지만 빈둥지증후군을 걱정하지는 않는다. 지난 봄 학기에 매일 아들아이와 온 가족이 페이스타임으로 이야기하면서 밥을 먹고, 하루에도 여러 번 카카오톡으로 대화를 하기 때문이기도 하고, 내가 한국에 있는 동안 그렇게 장거리 대화 방식에 익숙해졌기 때문이기도 하다. 그리고 고등학교 졸업반 아이들이 집에 있어도 거의 하루 종일 자기 방에서 나오지 않고 겨울잠을 자는 데 익숙해졌기 때문이기도 하다. 따라서 그걸 멀리 다른 주에서 한다고 해도 그렇게 허전할 것 같지는 않다. 적어도 의식적으로는 그렇다.

그런데 잠을 깰 때면 비몽사몽간에 어린 시절의 아이들이 나타난다. 오래 있지도 않고 잠시 느낌만 전해 주고 사라지는 바람에 잠을 깨면 갑자기 지난 10여 년이 사라진 듯한 충격을 받는다. 물론 잠을 완전히 깨고 의식이 잠재의식을 제압하기 시작하면 나는 다시 아이들이 대학에 가는 데 아무런 문제가 없고, 인생의 새로운 시기를 즐겁게 준비하는 것을 바라보는 평소의 모습으로 돌아간다.

아이들이 각각 네 살, 다섯 살이던 시절에 나는 운전을 하다 라디오에서 어떤 아빠의 이야기를 들은 적이 있다. 당시는 뉴욕주 롱아일랜드에 살던 시절인데, 아이들은 어리고 나와 아내는 모두 공부를 끝내지 못한 대학원생 시절이라 생활이 몹시 어려웠다. 거기에 나는 우울증 증세까지 겹쳐 힘든 시기였는데, 어느 날 라디오에서 기다리던 아기가 태어났다는 어느 아빠가 "이제 나는 이 아이와 17~18년 정도 함께 살게 된다"고 말하는 것을 들었다.

나는 머리를 세게 맞은 것처럼 충격을 받았다. 미국에서 아이를 키우면 대학은 대개 집에서 멀리 떨어진 곳으로 가고, 대학을 졸업하면 또 직장을 따라 어느 곳으로 갈지 알 수 없기 때문에 부모가 아이와 한 지붕 아래에서 살 수 있는 시간은 고등학교 때까지다. 계산해 보니 이렇게 예쁜 두 아이와 함께 살 수 있는 시간이 고작 13~14년밖에 남지 않았던 것이다. 너무 억울하다는 생각마저 들었다.

나를 아는 사람들은 내가 아이들과 대화를 많이 하고 시간을 많이 보낸다는 걸 알지만, 왜 그런지 아는 이는 많지 않다. 타이머 소리 때문이다. 그때 라디오에서 들은 그 아빠의 말은 마치 타이머처럼 머릿속에 남아서 늘 째깍째깍 소리를 내며 내게 남은 시간을 일깨워 줬다. 아이들과 한집에 살면서 시간을 보낼 때 '이것도 ○년 후에 끝난다'는 생각을 가끔씩 하곤 했다. 그렇다면 요즘 잠결에 나를 찾아오는 아이들의 어린 시절 모습은 혹시 그 타이머가 다 되어서 울리는 요란한 벨 소리가 아닐까?

이 일이 내게는 인생에 대한 하나의 메타포로 다가왔다. 흐르는 시간을 막을 수는 없어도 내게 주어진 시간이 몇 년인지, 무엇이 정말 중요한지 깨달은 것이다. 우리는 누구나 이 세상에서의 시간이 유한하다는 것을 알고 있지만 천천히 다가오는, 혹은 불현듯 다가올 삶의 끝을 매일 생각하면서 살 수는 없다. 우리는 어쨌거나 오늘을 살아야 하는 존재이기 때문에 '지금, 여기'에 집중하는 동안 멀리서 다가오는 삶의 끝이 보이지 않게 창문의 커튼을 내려 둔다. 하지만 가끔씩 바람이 불어 커튼이 펄럭이는 순간 우리는 끝을 떠올리고, 슬픔은 아니지만 슬픔 비슷한 감정에 휩싸이곤 한다. 현명한 사람은 매일매일 죽음을 생각한다는데, 그다지 현명하지 못한 나는 그저 가끔씩 깨우쳐 정신을 차리고 삶의 우선순위를 다시 생각해 본다.

비슷한 이유에서 2020년은, 아니 이 글을 쓰고 있는 지금도 끝나지 않은 팬데믹은 별생각 없이 살고 있던 인류에게 우리가 그동안 누리고 당연하게 여기던 것들이 사실은 몹시 위태로운 기둥 위에 아슬아슬하게 놓여 있었음을 깨닫게 해 줬다.

누군가는 분명히, 다른 대부분의 사람들도 희미하게는 알고 있었던 이 사실은 우리 세대가 처음 겪는 팬데믹 기간 동안 적나라하게 눈앞에 드러났고, 우리는 더 이상 이제까지와 같은 방식으로 살 수 없다는 경고음을 모두가 분명하게 들었다. 하지만 그 경고음이 과연 한 행성에 사는 공동체로서 인류가 이제까지 가지고 있던 우선순위를 다시 생각하는 계기가 될까? 그렇게 해서 민주주의를 보강하고, 인종주의를 극복하고, 힘을 모아 기후위기와 싸우게 될까? 시간만이 답할 수 있겠지만, 시간은 우리 편이 아니다.

지난 2020년 한 해를 휩쓸고 이 에필로그를 쓰고 있는 2021년 여름에도 끝날 줄 모르는 팬데믹에서 우리 모두가 가장 중요하고 시급한 일이 무엇인지 배울 수 있었으면 한다. 누군가에게 이 책이 작은 실마리가 될 수 있다면 더 바랄 게 없다. ✶

도서출판 남해의봄날. 비전북스 27

우리 인생의 모범답안은 정해져 있지 않습니다. 대다수가 선택하고, 원하는 길이라 해서 그곳이 내 삶의 동일한 목적지는 될 수 없습니다. 진정한 자유를 위해 용기 있는 삶을 선택한 이들의 가슴 뛰는 이야기에 독자 여러분을 초대합니다.

나의 팬데믹 일기
우리가 잊지 말아야 할 2020년의 기록

초판 1쇄 펴낸날 2021년 9월 6일

지은이 박상현

편집인 박소희 책임편집, 천혜란
교정 이정현
마케팅 황지영, 이다석
디자인 이기준
종이와 인쇄 미래상상

펴낸이 정은영 편집인
펴낸곳 남해의봄날
주소 경상남도 통영시 봉수1길 12, 1층
전화 055-646-0512
팩스 055-646-0513
이메일 books@namhaebomnal.com
페이스북 /namhaebomnal
인스타그램 @namhaebomnal
블로그 blog.naver.com/namhaebomnal

ISBN 979-11-85823-74-4 03300


남해의봄날에서 펴낸 쉰아홉 번째 책을 구입해 주시고, 읽어 주신 독자 여러분께 감사의 마음을 전합니다. 파본이나 잘못 만들어진 책은 구입하신 곳에서 교환해 드리며 책을 읽은 후 소감이나 의견을 보내 주시면 소중히 받고, 새기겠습니다. 고맙습니다.